社外取締役・監査役等の実務

企業価値向上を目指す
経営モニタリングの基礎と実践

第4版

箱田 順哉・安田 正敏　著
Hakoda Junya　*Yasuda Masatoshi*

JN028903

同文舘出版

第4版へのはしがき

　本書の第3版が発行されたのが2022年5月30日であったが，それから現在までのコーポレートガバナンスをめぐる制度的な動向については，主要なものは次のようなものであった。第4版では，これらの点に関わる個所を説明することで最新の情報を提供することを心掛けた。

　まず法制面での動きとしては，2023年1月31日に公布・施行された「企業内容等の開示に関する内閣府令及び特定有価証券の内容等の開示に関する内閣府令の一部を改正する内閣府令」がある。これに基づいて「企業内容等の開示に関する内閣府令」（以下「開示内閣府令」という）の一部が改正された。同時に，金融庁からは開示内閣府令の改正について以下のようなガイドラインや原則が公表されている。

- 「企業内容等の開示に関する留意事項について（企業内容等開示ガイドライン）」
- 「記述情報の開示に関する原則（別添）—サステナビリティ情報の開示について—」（以下「サステナビリティ情報開示原則」という）

　次に，2017年3月31日に制定された「監査法人のガバナンス・コード」が改訂された（2023年3月24日）。これにより，個別原則の適用に関するコンプライ・オア・エクスプレインの枠組みを維持しつつ，上場企業等を監査するすべての監査事務所にコードの受入れを求めることとされた。

　さらに，2023年4月7日付で企業会計審議会から公表された「財務報告に係る内部統制の評価及び監査の基準並びに財務報告に係る内部統制の評価及び監査に関する実施基準の改訂について（意見書）」（以下「改訂内部統制基準等」という）を踏まえ，「財務計算に関する書類その他の情報の適正性を確保するための体制に関する内閣府令」および「『財務計算に関する書類そ

の他の情報の適正性を確保するための体制に関する内閣府令』の取扱いに関する留意事項について」が改訂された。これはいわゆる「財務報告に係る内部統制（J-SOX）」と呼ばれる法律であり最初に施行された2008年4月1日から16年ぶりの改訂である。

　また，東京証券取引所は資本効率を意識した経営を上場企業に訴求することで企業価値の向上を促進しようとした働きかけを強めている。具体的には

・「資本コストや株価を意識した経営の実現に向けた対応の要請」（2023年3月31日）
・「資本コストや株価を意識した経営の実現に向けた対応」に関する開示企業一覧表の公表等について（2023年10月26日）

　最後に，第4版においては本書の書名を『社外取締役・監査役の実務』から『社外取締役・監査役等の実務』に変更したことをお知らせしておく。この変更の理由は，取締役監査委員，取締役監査等委員も制度の違いはあるものの，監査役と同等の監査機能を要請されていることから，「監査役等」の用語も一般に使用されるようになっているからである。それに伴い，本書では監査役，取締役監査委員，取締役監査等委員の違いについても解説した。また，本書の中で監査役のみについての記述は「監査役」と記載している。

　なお，本書はイオン株式会社がグループガバナンス体制強化のために，グループ各社から選抜した優秀な人材を教育し，グループ各社の監査役として送り込むことを目的として2014年9月に開校した「イオン監査役アカデミー（AAA：Aeon Auditors Academy）」のテキストをベースにしたものである。著者の箱田順哉，安田正敏はその講師陣の一端を担っている。本書の出版に当たって，AAAの西松正人事務局長とAAAの研修を受託した一般社団法人実践コーポレートガバナンス研究会の大谷剛代表理事と門多丈創立理事のご支援に心より謝意を表したい。

　また，同じく本書の出版を支援してくださった同文舘出版の中島豊彦社長と青柳裕之氏に心から感謝申し上げる。

2024年5月

箱田　順哉

安田　正敏

【追記】
　社外取締役と独立社外取締役の用語の使い分けについて説明しておきたい。
　本書では特に断りがないかぎり非業務執行で会社法の社外要件を満たす取締役を社外取締役と記す。コーポレートガバナンス・コードは独立社外取締役という言葉を使用しているので，コーポレートガバナンス・コードに関連する個所では独立社外取締役という言葉を使用する。
　コーポレートガバナンス・コードは東京証券取引所の施行規則で定められているので，独立社外取締役の独立性の定義は57〜60ページで説明しているように会社法の社外性の概念より独立性要件に関してはより厳格なものとなっている。

v

第*3*章　社外取締役の役割と責任

第*4*章　監査役等の役割と責任および監査役等の監査の概要

◆第2編◆　各論（実践編）

第5章　企業価値創造に資する経営モニタリングと社外取締役・監査役等の役割

第6章　経営の重要場面での社外取締役・監査役等の モニタリングと基本知識

資　料

索　引　247

社外取締役・監査役等の実務

―企業価値向上を目指す経営モニタリングの基礎と実践―

（第 4 版）

◆第1編◆

概　論

第1章

コーポレートガバナンスの
新しい潮流

日本におけるコーポレートガバナンスの変遷

　コーポレートガバナンスという言葉は，企業統治とも呼ばれている。この言葉は，日本では1990年代になって企業経営の現場に登場してきた。さらに，総会屋への利益供与，証券会社による特定の顧客への損失補填など，頻繁におきた経営者による企業不祥事のたびに，その重要性が高まってきたこともありコーポレートガバナンスという言葉は企業不祥事と関連づけて語られることが多かった。

　まず，基本的なことを確認してみよう。事業を営むにはまず資本が必要だが，その資本を提供する者（株主資本の場合は株主）が，事業を営む者（経営者）と異なる場合，株主は経営者に経営を委託する形になる。この場合，コーポレートガバナンスの狭い意味での定義は，経営者が事業目標を達成するために善良な管理者として最善の注意義務（善管注意義務）を果たしているかどうか，また会社に対して忠実に職務を執り行っているかどうかということを，株主が経営者を常に監視するということである。

　上の単純な例では資本を株主資本として説明したが，資本の出し手は，株式より相対的にリスクの低い長期貸付または社債への投資という形をとることもある。その場合，資本の出し手は債権者と呼ばれる。そのような債権者が企業に求めるコーポレートガバナンスは，株主の求めるものとは違っている。株主の求めるコーポレートガバナンスは最終的に企業価値の増大を目指すものであるが，会社の負債に対する債権者の求めるコーポレートガバナンスは，債務契約の履行を求めるものである。この意味で，狭い意味でのコーポレートガバナンスのあり方は，どのような投資家がどのような形で資本を提供するかということに大きく依存する。この視点は，次に述べるメインバンク制による成長資金の供給という形をとってきた日本企業の従来のコーポレートガバナンスを理解する上で重要である。

　旧商法でも現在の会社法でも，日本企業の多くの部分を占める監査役（会）

■図表1−1 日本企業の従来のコーポレートガバナンスの仕組み

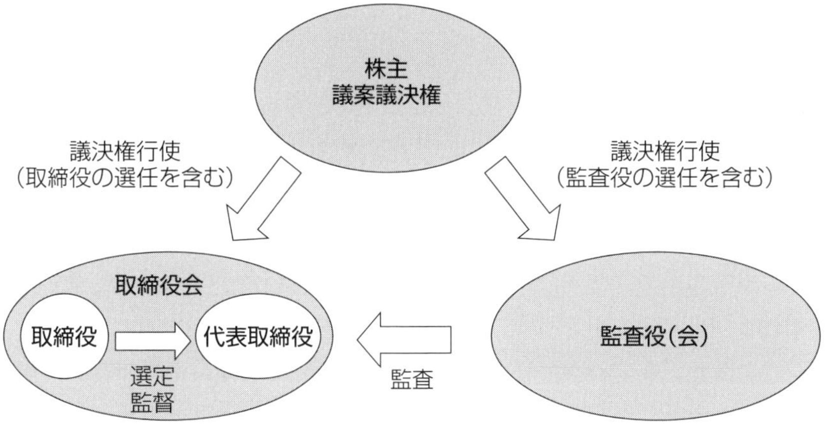

設置会社のコーポレートガバナンスの体制は，取締役会，監査役（会），株主総会の３つの機関からなっている。取締役会では，取締役は代表取締役を含め取締役の職務の執行を相互に監視する建付けになっている。一方，監査役（会）は代表取締役および取締役の職務執行を監査し，株主は取締役および監査役の選任権と取締役会の提案に対する議決権をもつことによって，経営者，取締役および監査役の職務執行を監視する建付けとなっている（図表1−1）。

　しかしながら，この形のコーポレートガバナンスは，次のような理由で，日本の会社ではほとんど機能してこなかった。

　その１つの理由は，高度成長期の間，会社の成長に必要な資本は，メインバンクの融資という形で供給されてきたために，メインバンクが日本の会社のコーポレートガバナンスに大きな影響力をもっていたからである。先に述べたように，このメインバンクが日本の会社に期待したコーポレートガバナンスは，会社の債務に対する債権者として債務契約の履行を確実にすることであった。したがって，会社が利子および元本の返済を確実に履行し，メインバンクが会社の先々の利払いおよび元本の返済について確信しているかぎり，あるいは十分な担保をとっているかぎり，経営者が，それを委任した株

5

主に対して善管注意義務および忠実義務[1] を守って職務の執行を行っているかどうかということまで監視するインセンティブは相対的に低かったというわけである。

　一方で，株主側からのコーポレートガバナンスも弱いものであった。すでに述べたように，長い間，日本の会社は，メインバンクによる融資という間接金融にその資金を大きく依存する中で，株主資本を密接な取引関係のある会社，銀行などと持ち合うという形態をとっていた。このような株式の持ち合いの構造の中で，日本の高度成長は，株式持合企業が，経営者の善管注意義務および忠実義務を監視するというコーポレートガバナンスの必要性を希薄化してきた。なぜなら，株式の持ち合いがお互いに議決権を行使して議案に反対しないような暗黙の了解を前提としていたからである。また，そのような議決権行使を通じた相互監視を意識しなくても，企業は毎年売上を伸ばし，利益を上げ，持ち合っている株式の価値も年々高くなっていたからである。したがって，株主総会においても，議案に対する実質的な議論はほとんどなく，いかに早く株主総会を終えるかということが，議長である代表取締役社長の手腕ともされてきた。このような環境の中で，総会屋と呼ばれる人々が暗躍し，株主による株主のためのコーポレートガバナンスは実質的に機能していなかったのである。

　また，取締役による取締役の職務の執行の相互監督という機能もほとんど働いていなかった。特に，取締役による代表取締役の職務執行の監督については機能していなかった。なぜなら，株式持ち合いと終身雇用制の中で，日本の企業の経営は，長年その会社で勤めあげた年功のある人材に受け継がれてきており，取締役は多くの場合，実質的に代表取締役によって年功序列のもとで選ばれ，形式的に株主総会で選任されてきたからである。さらに，これから常務取締役，専務取締役，取締役副社長，究極的には代表取締役社長への階段を上ろうとする取締役にとっては，その任命権を握る代表取締役に対してはほとんどその行動を牽制することはできない力関係になっていた。この点については，多くの企業の場合，今でもそれほど変化はない。

■図表1−2　日本企業の従来のコーポレートガバナンスの仕組みの破綻

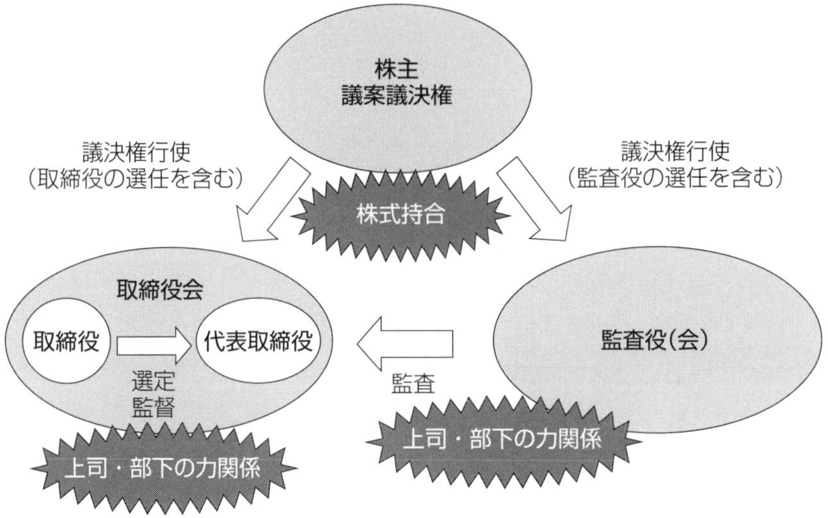

　日本企業特有のコーポレートガバナンスの担い手であった監査役も，ほとんどの場合，年功のあった人材のいわゆる「上がり」の地位として，実質的に代表取締役によって選ばれ，形式的に株主総会で選任されるというかたちをとってきた。したがって，本来期待される経営者の監視役というよりは，追認役の役割しか果たして来なかった。

　つまり，それが機能すれば経営者の職務執行を監視することができるかたちになっているにもかかわらず，すでに述べたような特殊性によって，従来の日本企業のコーポレートガバナンスは，実質的に機能していなかったわけである（図表1−2）。このため，日本経済のバブルがはじけた1990年代以降，業績向上の圧力に直面した日本企業の一部の経営者が，法令・規則を無視した行動をとっても，それに対するコーポレートガバナンスが働かず，問題が発覚してから不祥事への対応が迫られるという事件が相次いだのである[2]。

　ここで述べたような日本のコーポレートガバナンスのあり方は，2000年代の初め以降大きな変化を見せている。このようなコーポレートガバナンスの

変化に対して，一部には，最近のコーポレートガバナンスのあり方は，2002年の商法改正による委員会制度の導入に代表されるような米国の制度を無理に取り入れたものであり，それは日本の現状を無視した借り物であるから望ましくない，という意見もある。しかし，日本のコーポレートガバナンスの大きな変化の背景には，投資家と経営者の関係が，より米国に近いものになってきたことがあると理解する方が自然であると思われる。すなわち，日本経済のバブルがはじけたあと，株価は大きく下落し，企業グループによる株式の持ち合いは経済的な合理性をもたなくなってきた。そのため，従来のような株式持ち合いの比重は大きく下がり，巨額の個人金融資産をバックにした機関投資家および海外の投資家が大きな比重を占めるようになってきている。証券会社に支払う株式取引手数料の自由化，インターネットの発展による電子取引と企業の情報開示の進展などにより，個人投資家の比重も高まってきた。

　一方で，企業の資金調達も銀行からの借入という間接金融から株式市場や社債市場での調達という直接金融へと大きく変わってきた。その結果，日本の機関投資家，個人投資家および海外投資家による経営者への監視の目は以前にも増して厳しくなってきている。特に，「失われた30年」といわれるように，日本企業の収益性は低迷し株式の時価総額に代表される企業価値も低迷を続ける中で，その大きな原因は会社内部出身の取締役がそのほとんどを占めている取締役会がリスク伴う成長戦略をとっていないというコーポレートガバナンスの欠陥にあると，主に海外の投資家によって指摘されている。このようなコーポレートガバナンスの現状に対して変革を迫ったのが「『日本再興戦略』改訂2014年」である。

　しかし，ここで言いたいことは米国のコーポレートガバナンスの仕組みが日本の仕組みと比較して優れているということではない。強調したい点は，コーポレートガバナンスが実効的に機能するかどうかの要因は，その体制または仕組みというよりは，その体制を機能させる人々の考え方や行動であるということである。米国のエンロン事件やワールドコム事件，またサブプラ

イム問題による米国金融機関の破綻といった事例を見るかぎり，米国のコーポレートガバナンス体制が優れているということはいえなくなっていることは明らかである。

❗もう少し説明① 日本，米国およびドイツのコーポレートガバナンス体制の違い

> このテーマだけで一冊の本になると思うが，ここで日本，米国およびドイツの上場企業のコーポレートガバナンス体制の違いを少しだけ見ておこう。
>
> 米国のコーポレートガバナンス体制の大きな特徴は，上場企業において取締役会の構成や監査委員会・報酬委員会・指名委員会・コーポレートガバナンス委員会などの機関設計がニューヨーク取引所（NYSE）の上場マニュアルによって定められていることである。日本とドイツにおいてはコーポレートガバナンス体制のあり方が法令によって定められている。日本では会社法，ドイツでは株式法（AktG）および共同決定法である。
>
> 米国の場合，NYSEのルール（Listed Company Manual）は，取締役会の構成メンバーである取締役は半数以上を独立取締役（Independent Director）が占めることを要求している。そして，監査委員会も全員が社外取締役で構成されることで独立性を確保している。この意味で，米国のコーポレートガバナンスの中心的役割は独立取締役によって担われる。したがって，米国では，独立取締役が経営者の職務執行を監視しており，監査役は存在しない。
>
> ドイツの場合は共同決定法により，監査役会は，株主，従業員・労働者の2つの利益代表者からなり，取締役の任免権などの強い力をもっている。

　このような変化を背景として，2000（平成12）年以降，数回にわたる商法の改正があり，また，2005（平成17）年7月26日には，商法に代わる新しい法律として会社法が公布され，2006（平成18）年5月1日から施行された。その後，会社法は2014（平成26）年と2019（令和元）年と2回にわたり改正され現在に至っている。その流れの中で，コーポレートガバナンスにおける監査役の役割と権限および責任は大きく変わってきた。いっぽうで，コーポレートガバナンスにおける社外取締役の役割への期待も大きくなっている。コーポレートガバナンス・コードでは原則4－8「独立社外取締役の有効な活用」において「独立社外取締役をプライム市場上場会社は3分の1以上，その他の市場上場会社は，少なくとも2名以上選任すべきである」としている。さらに，同原則の後段で「少なくとも過半数の独立社外取締役を選任することが必要と考えるプライム市場上場会社，またその他の市場においては少なくとも3分の1以上の独立社外取締役を選任することが必要と考える上場会社は，上記にかかわらず，十分な人数の独立社外取締役を選任すべきである」（下線は筆者）と独立社外取締役に対する要請を強くしている。

　上記のコーポレートガバナンス・コードの要請を反映して，2019（令和元）年12月に改正された現行の会社法では，前回の改正からさらに進んで，「監査役会設置会社（公開会社であり，かつ，大会社であるものに限る。）であって金融証券取引法第24条第1項の規定によりその発行する株式について有価証券報告書を内閣総理大臣に提出しなければならないものは，社外取締役を置かなければならない」（会社法第327条の2）としている。

　このような潮流の中で，コーポレートガバナンスをより有効に機能させるために社外取締役と監査役との連携が重要視されてきている。この点については，次に詳しく述べることにする。

　ところで，コーポレートガバナンスの内容についても，その考え方が従来とは異なるものになってきている。従来，株主と経営者の間の関係を律するものであったコーポレートガバナンスは，経営者とその他の利害関係者（「ステークホルダー」とも呼ばれる），例えば株主はもちろん，従業員，取引先，

地域社会，政府・地方自治体，規制機関などとの関係を律するものであるという考え方に変わってきている。この観点から見れば，企業の社会的責任（CSR）・ESG経営・SDGsへの取り組みなどもこの広義のコーポレートガバナンスに含まれることになるであろう。

　この点については，米国のコーポレートガバナンスに関する最近の動きにも変化の兆しが表れている例をあげる。米国主要企業の経営者団体であるビジネス・ラウンドテーブルは，1978年以降，定期的にコーポレートガバナンスに関する原則を発表してきたが，1997年以降に発表されたいずれの文書も，企業は原則として株主に尽くすために存在するという株主第一主義の原則を支持してきた。しかし，2019年8月19日に，ビジネス・ラウンドテーブルは，「すべてのアメリカ国民を支える経済を発展させていくことを目指し企業の目的を再定義する」という声明を発表し，顧客，従業員，取引先，地域社会，株主等「すべてのステークホルダーに対して根源的な責任のある約束を共有する」と宣言した。いわゆるステークホルダー資本主義への転換である。

　さらに，投資家側からは，環境（Environment），社会（Society），コーポレートガバナンス（Corporate Governance），いわゆるESGを重視する投資判断が重要視されるようになり経営者もESGを重視する経営，ESG経営に舵を切らざるを得なくなっている。この点については，第5章2「3．サステナビリティ経営，ESG，SDGsへの挑戦」（155～158ページ）で詳しく説明する。

　このような見方をすると，冒頭で述べたように株主と経営者が異なる場合に必要となるのがコーポレートガバナンスであるという言い方はできなくなっている。株主と経営者が同じ人物であっても，経営者は何をしてもいいということではない。経営者は，従業員，取引先，地域社会，政府・地方自治体，規制機関などへの責任をもち，経営者としての最善の努力が要求されるようになっている。したがって，極端な例でいえば，100％の持分をもつオーナー経営者であっても，上で述べたような広義のコーポレートガバナンスによって律されることになる。

コーポレートガバナンスに係る法令の変遷と監査役の役割の変化

　コーポレートガバナンスは，日本の企業の株主と資本市場への関わり方の変化を背景として，従来の形骸化されたものからより実効的なものへと変わってきたわけであるが，それに伴って，法制面でもその変化に対応するように，整備が図られてきた。また，その法制面の整備は，2002（平成14）年の商法改正による委員会設置会社の導入までは主として監査役・社外監査役に関するものであった。ここでは，その歴史的な変化について説明する。

　監査役制度が旧商法に規定されたのは，1899（明治32）年に遡る。その人数は常勤，社外を問わず1人以上とされ，任期は1年，またその業務内容は次のようなものであった。

・会社の財産および取締役の業務執行の監査
・株主総会提出議案の調査・報告

　その後，戦後まで大きな変化はなかったが，1950（昭和25）年に一部米国の考え方が取り入れられ，監査役の権限が会計監査に限定され，業務監査権は取締役会に与えられるという形となり，監査役の権限は縮小された。

　1964（昭和39）年，監査役に関する商法の規定は大幅に改定され，監査役の権限が強化された。具体的には，任期は2年となり，会計監査および業務監査を含む取締役の職務執行の監査が監査役の職務となったほか，次のような権限が監査役に与えられた。

・取締役会への出席と取締役会で意見を陳述する権利
・取締役に対して事業報告を請求する権利
・業務および財産を調査する権利
・子会社を調査する権利
・取締役の不適切な行為の差止請求権

・株主総会提出議案および書類を監査する権利と株主総会での報告
・取締役と会社の間の訴訟に関して会社を代表する権利

　その後，旧商法については，1981（昭和56）年，1993（平成5）年，2001（平成13）年，2002（平成14）年に大きな改正があり，2005（平成17）年に公布された会社法で監査役の役割，権限，義務および責任を規定する現在の法制度ができあがった。その後，2014（平成26）年5月と2019（令和元）年12月にわたる2回の会社法の改正で監査役の役割・権限・義務および責任は大きく変わっている。

　会社法ができるまでの監査役，特に社外監査役の活動に係る旧商法の重要な改正をあげると次のようになる。

1993（平成5）年：この年の改正は，大会社[3]において社外監査役制度を取り入れることで，より実効的なコーポレートガバナンスをねらったものであった。すなわち，大会社において社外監査役制度が導入され，監査役を3人以上とし，そのうち常勤監査役1人以上，社外監査役1人以上とすることになった。また監査役会に関する規定が設けられ，監査役の任期は3年となった。

2001（平成13）年：大会社においては監査役3人以上，そのうち社外監査役は半数以上とすることになった。また，社外監査役は5年以上その会社の関係者であった者はなれないという条件を取り払い，5年以下の場合でも資格がないとし，社外監査役の独立性を強化した。このような点で，この年の旧商法の改正は，コーポレートガバナンスの強化において，社外監査役の役割を重視したものであった。監査役の任期も4年となった。

2002（平成14）年：委員会等設置会社の形態が選択できる形になった。この委員会等設置会社は，「監査委員会」，「指名委員会」，「報酬委員会」の3つの委員会を設置する会社である。したがって，委員会等設置会社での監査の役割は，監査委員会が担うことになった（当初，委員会

等設置会社と呼ばれた会社形態は現在の会社法では指名委員会等設置会社と呼ばれる）。

このように，日本企業のコーポレートガバナンスにおける監査役の業務，権限，義務および責任は大きく変わってきたが，従来の形骸化したコーポレートガバナンスから実効的なコーポレートガバナンスへの変化を法制面から裏づけたのは，大会社における1993年の社外監査役制度の導入と2001年の社外監査役の人数を半数以上とする改正であるといえる。この意味でも，日本企業のコーポレートガバナンスの仕組みの中で社外監査役に期待される役割は大きなものがある。なお，現在の会社法においては，監査役の権限が会計監査人の選任等に関する株主総会へ提出する議案の内容の決定権をもつなど一段と強められている。

会社法の意義と監査役等の役割

2005（平成17）年に公布され2006（平成18）年5月に施行された会社法は，グローバルな市場で競争している日本企業が，より柔軟に企業活動ができるように，会社の設立，株式制度，会社組織，会計の原則，社債などの資金調達，M&Aなど，会社法制全般にわたって旧商法の法体系を大幅に改定し，整合性のとれた新しい法体系を目指したものである。そのねらいを3つの言葉で要約すると次のようになる（図表1－3）。

この点は，その後2回の改正を経た現在の会社法でも同様である。

この中で，③の「コーポレートガバナンスの強化」が，本書のテーマである独立社外取締役と監査役に直接関連している。この実効的なコーポレートガバナンスの確保については，①のねらいである「規制緩和」によって会社経営の機動性・柔軟性を増すことと裏腹の関係にある。つまり会社経営の自由度が増すことによって，経営者の職務執行におけるリスクが高まり，それに伴って取締役の善管注意義務・忠実義務の重要性もより高くなってきた。コ

■図表1-3　会社法のねらいと監査役の役割

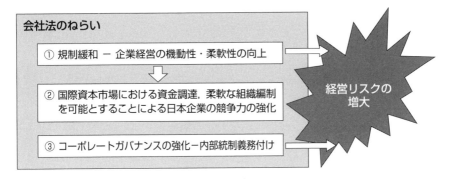

ーポレートガバナンスを法制面で補強し，会社の適正な業務を担保するために，2006年に施行された会社法は，大会社および委員会設置会社（当時）に対して，「株式会社の業務の適正を確保するための体制（いわゆる広義の内部統制である内部統制システム-筆者注)」の整備について，次のことを義務づけている。

- ・2006年5月1日以降の最初の取締役会で「株式会社の業務の適正を確保するための体制」を決議すること
- ・決議内容を事業報告に記載すること
- ・監査役（会）が決議内容について適切でないと判断したときは監査役（会）監査報告にその旨を記載すること

　決議に係る罰則規定はないが，事業報告への不記載あるいは虚偽の記載がある場合は過料が課せられる。したがって，内部統制および会社法が求める内部統制に関する決議の内容について独立社外取締役と監査役等は十分に理解する必要がある。この点についての社外監査役の関わり方は，第5章2「7．内部統制の監査における社外監査役等の関わり方」（200ページ参照）において解説することにする。

　内部統制については，2006年の重要な制度改正の1つである金融商品取引法の制定により，「財務報告に係る内部統制」に関する諸規定が設けられた。

これは，内部統制の4つの目的のうち「財務報告の信頼性」を確保するための法令である。その目的と内容が，2002年7月に米国のSarbanes上院議員とOxley下院議員が起案した議員立法であるSOX法をお手本にしたことからこの法律は俗に日本版SOX法あるいはJ-SOX法などと呼ばれている。

この財務報告に係る内部統制の基準とその実施基準は，2023年4月7日に15年ぶりに改訂されている（以降，「内部統制基準等」という）。その内容については，第5章2「5．金融商品取引法の規定する内部統制」（186ページ）で詳しく説明するが，要点は次のようなものである。

①株式上場企業（以下「上場企業」という）の最高経営責任者，一般的には代表取締役が，財務報告が適正なものであると確認すること

②上場企業の最高経営責任者，一般的には代表取締役が，財務報告に係る内部統制が有効に機能しているかどうかを評価し，その結果を内部統制報告書に記載し，有価証券報告書とともに内閣総理大臣に提出すること

③その内部統制報告書の妥当性について外部の監査人が監査をして作成した監査報告書を添付すること

④有価証券報告書および内部統制報告書に虚偽の記載をした場合は，懲役10年以下，または1千万円以下の罰金またはこれを併科という厳しい刑罰が用意されていること

金融商品取引法は，監査役等の役割について特に規定はしていないが，経営者の業務執行を監視するという監査役の基本的な業務の中で，上記の仕事が適正になされているかどうかを監視しなければならない。

！もう少し説明②　上場企業と公開会社

> 上場企業（上場会社）はその株式を日本の証券取引所に上場している企業を意味する（広い意味では，外国の証券取引所に株式を上場している企業も含む）。

新規に株式を公開して上場企業になる場合，よく株式公開企業という言葉が株式上場企業と同じ意味で使われることがある。しかし，会社法では第2条第5号で，公開会社を次のように定義している。

「その発行する全部又は一部の株式の内容として譲渡による当該株式の取得について株式会社の承認を要する旨の定款の定めを設けていない株式会社をいう。」

つまり，会社法で定義される公開会社は，株式を証券取引所に上場するということを意味しているわけではない。公開会社は上場企業よりも広い概念である。

④ 企業価値創造のエンジンとしての コーポレートガバナンス

　このようにコーポレートガバナンスの強化が求められる中で政府は，「『日本再興戦略』改訂2014年―未来への挑戦―」（2014年6月24日）においてコーポレートガバナンスを，「コーポレートガバナンスは，企業が，株主をはじめ顧客・従業員・地域社会等の立場を踏まえた上で，透明・公正かつ迅速・果断な意思決定を行うための仕組み」と捉え，「持続的な成長と中長期的な企業価値向上のための自律的な対応が図られることを通じて，会社，投資家，ひいては経済全体の発展にも寄与する」と，企業価値創造のエンジンとしてあるべき位置に据えた。そして，コーポレートガバナンスが企業価値創造のエンジンとして機能するための基盤として2015年6月にコーポレートガバナンス・コードを策定し，東京証券取引所の上場規則の一部として施行した。その後，コーポレートガバナンス・コードは2018年6月と2021年6月の2回にわたって改訂されている。

　コーポレートガバナンス・コードの2021年6月の2回目の改訂における大きな変更点は，東京証券取引所の上場区分が2022年4月4日以降に変更され

■図表1-4 東京証券取引所の新市場区分

市場区分	コンセプト
プライム市場	多くの機関投資家の投資対象になり得る規模の時価総額（流動性）をもち，より高いガバナンス水準を備え，投資者との建設的な対話を中心に据えて持続的な成長と中長期的な企業価値の向上にコミットする企業向けの市場
スタンダード市場	公開された市場における投資対象として一定の時価総額（流動性）をもち，上場企業としての基本的なガバナンス水準を備えつつ，持続的な成長と中長期的な企業価値の向上にコミットする企業向けの市場
グロース市場	高い成長可能性を実現するための事業計画およびその進捗の適時・適切な開示が行われ一定の市場評価が得られる一方，事業実績の観点から相対的にリスクが高い企業向けの市場

ることに合わせて，それに対応するコーポレートガバナンス・コードの原則が設けられたことである。新しい市場区分は以下のとおりである。

　この改訂で新しく5原則が設けられ，12原則が修正されている。結果として5つの基本原則（不変），31の原則，47の補充原則をあわせて合計83の原則から構成されている。

　はしがきに記載したように，東京証券取引所が重要であるとしている点を含め，主要なポイントを以下に示す。

1．取締役会の機能発揮

①プライム市場上場企業における独立社外取締役の構成

　現行のコーポレートガバナンス・コードにおいては独立社外取締役の構成は従前に増して高まっている。このことは，コーポレートガバナンスが企業価値創造のエンジンとして機能するために独立社外取締役の役割が大きく期待されていることを意味している。独立社外取締役がその期待に応えるためにはどのような資質と知見をもち，どのような役割を果たさねばならないかということが十分に検討されねばならない。本書の最大のねらいの1つは，この点をより具体的な実務に結びつけて検討することである。

プライム市場上場会社は少なくとも3分の1以上の独立社外取締役の選任，また業種・規模・事業特性・機関設計・会社をとりまく環境を総合的に勘案し少なくとも3分の1以上の独立社外取締役を選任することが必要と考えるプライム市場上場会社は十分な人数の独立社外取締役の選任を求める。【原則4－8．独立社外取締役の有効な活用】

②指名委員会・報酬委員会の設置

独立した指名委員会・報酬委員会の設置を求める。特に，プライム市場上場会社には，各委員会の構成員の過半数を独立社外取締役とすることを基本とすること，その委員会の独立性に関する考え方・権限・役割等の開示を求める。【補充原則4－10①】

③経営戦略に照らして取締役会が備えるべきスキル（知識・経験・能力）と，各取締役のスキルとの対応関係（いわゆるスキル・マトリックス）の公表と他社での経営経験を有する経営人材の独立社外取締役への選任

経営戦略に照らして自らが備えるべきスキル等を特定した上で，取締役会の全体としての知識・経験・能力のバランス，多様性および規模に関する考え方を定め，各取締役の知識・経験・能力等を一覧化したいわゆるスキル・マトリックスをはじめ，経営環境や事業特性等に応じた適切な形で取締役の有するスキル等の組み合わせを取締役の選任に関する方針・手続とあわせて開示すること，その際，独立社外取締役には，他社での経営経験を有する者を含めることを取締役会に求める。【補充原則4－11①】

2．企業の中核人材における多様性の確保

①管理職における多様性の確保（女性・外国人・中途採用者の登用）についての考え方と測定可能な自主目標の設定）

社内に異なる経験・技能・属性を反映した多様な視点や価値観が存在することは，会社の持続的な成長を確保する上での強みとなり得る，との認識に

立ち，社内における女性の活躍促進を含む多様性の確保を求める。【原則2－4．女性の活躍促進を含む社内の多様性の確保】

②多様性の確保に向けた人材育成方針・社内環境整備方針をその実施状況とあわせて公表

女性・外国人・中途採用者の管理職への登用等，中核人材の登用等における多様性の確保についての考え方と自主的かつ測定可能な目標を示すとともに，その状況を開示することを求める。また，中長期的な企業価値の向上に向けた人材戦略の重要性に鑑み，多様性の確保に向けた人材育成方針と社内環境整備方針をその実施状況とあわせて開示することを求める。【補充原則2－4①】

3．サステナビリティを巡る課題への取り組み

①サステナビリティに関する基本方針の策定

中長期的な企業価値の向上の観点から，自社のサステナビリティを巡る取り組みについて基本的な方針を策定することを取締役会に求める。【補充原則4－2②】

②プライム市場上場会社において，TCFDまたはそれと同等の国際的枠組みに基づく気候変動開示の質と量を充実

プライム市場上場会社に対して，気候変動に係るリスクおよび収益機会が自社の事業活動や収益等に与える影響について，必要なデータの収集と分析を行い，国際的に確立された開示の枠組みであるTCFDまたはそれと同等の枠組みに基づく開示の質と量の充実を進めることを求める。【補充原則3－1③】

③サステナビリティについて基本的な方針を策定し自社の取り組みを開示

経営戦略の開示に当たって，自社のサステナビリティについての取り組みを適切に開示することを上場会社に求める。【補充原則3－1③】

4. 上場子会社（支配株主を有する上場会社）のガバナンス

　支配株主を有する上場会社に対して，取締役会において支配株主からの独立性を有する独立社外取締役を少なくとも3分の1以上（プライム市場上場会社においては過半数）選任するか，または支配株主と少数株主との利益が相反する重要な取引・行為について審議・検討を行う，独立社外取締役を含む独立性を有する者で構成された特別委員会の設置を求める。【補充原則4 - 8③】

5. 内部監査部門の役割の重要性

①内部統制と全社的リスク管理体制の整備

　内部統制や先を見越した全社的リスク管理体制の整備は，適切なコンプライアンスの確保とリスクテイクの裏づけとなり得るものであることを指摘した上で，取締役会に対して，グループ全体を含めたこれらの体制を適切に構築し，内部監査部門を活用しつつ，その運用状況を監督することを求める。【補充原則4 - 3④】

②内部監査部門の取締役会および監査役会への直接報告体制の構築

　上場会社に対して，取締役会および監査役会の機能発揮に向け，内部監査部門がこれらに対しても適切に直接報告を行う仕組みを構築すること等により，内部監査部門と取締役・監査役との連携を確保することを求める。【補充原則4 -13③】

6. 株主総会に関する事項－議決権電子行使プラットフォーム

　上場会社に対し，自社の株主における機関投資家や海外投資家の比率等も踏まえ，議決権の電子行使を可能とするための環境作り（議決権電子行使プラットフォームの利用等）や招集通知の英訳を進めることを求める。特に，プライム市場上場会社に対しては，少なくとも機関投資家向けに議決権電子行使プラットフォームを利用可能とすることを求める。【補充原則1 - 2④】

7．情報開示に関する事項－英語での情報開示

　上場会社に対して，自社の株主における海外投資家等の比率も踏まえ，合理的な範囲において，英語での情報の開示・提供を進めることを求める。特に，プライム市場上場会社に対しては，開示書類のうち必要とされる情報について，英語での開示・提供を行うことを求める。【補充原則3－1②】

　以上の重要な原則のうちプライム市場上場企業のみに適用される原則が6つあり，プライム市場上場企業を目指す企業にとっては難しい対応を迫られている。ここに，プライム市場上場企業にのみ適用される原則を整理しておく（図表1－5）。

■図表1－5　プライム市場上場企業のみに適用されるコーポレートガバナンス・コードの原則

基本原則	原則	内　容
基本原則4．取締役会等の責務	原則4－8	プライム市場上場企業は，独立社外取締役を3分の1以上選任（必要な場合は過半数の独立社外取締役を選任することを勧める）
基本原則4．取締役会等の責務	補充原則4－10①	プライム市場上場企業は，独立社外取締役を指名委員会・報酬委員会の過半数選任すること
基本原則3．適切な情報開示と透明性の確保	補充原則3－1③	プライム市場上場企業において，TCFDまたはそれと同等の国際的枠組みに基づく気候変動開示の質と量を充実すること
基本原則4．取締役会等の責務	補充原則4－8③	プライム市場に上場する「子会社」において，独立社外取締役を過半数選任または利益相反管理のための委員会を設置すること
基本原則1．株主の権利・平等性の確保	補充原則1－2④	プライム市場上場企業において，機関投資家向けに議決権電子行使プラットフォームを利用可能とすること
基本原則3．適切な情報開示と透明性の確保	補充原則3－1②	プライム市場上場会社は，開示書類のうち必要とされる情報について，英語での開示・提供を行うこと

　コーポレートガバナンス・コードの特徴は原則主義であり，原則を遵守するか遵守しない場合は責任をもって遵守しない理由を説明することを義務づけている。これを「遵守または説明：Comply or Explain」という。このルールは，英国，ドイツ，フランスなどの欧州のコーポレートガバナンス・コードや英国法の流れをくむシンガポール，香港などのコーポレートガバナンス・コードに取り入れられているルールで世界標準となっている。このルールは，それぞれ固有の事情をもつ企業に一律にコードを強制することをしないで，目指すべき高い到達点をコードが示すと同時に，あるコードを遵守しない場合にはその理由について株主に合理的な説明をすることを求めるものである。

　この方法は，企業があるコードを遵守しない理由を企業の置かれている状況に基づいて株主に丁寧に説明することで，その企業のコーポレートガバナンスの状況について株主の理解を深めることを目的としている。これによって，企業と株主の間のコミュニケーションを促進することができる。この意味で英国のコーポレートガバナンス・コードでは企業の説明を言い訳として否定的に評価しないように株主に求めている。同時に，企業は説明を言い訳にしない努力が求められる。これは，日本の企業社会にある「ひな型」文化とは異なるもので，企業にとっても真剣に考慮することが要請される難しい仕事である。一方で，その説明が十分な説得力をもち有効な枠組みや方法を提示していれば，それがベスト・プラクティスとして認められるという可能性ももっているわけである。

　コーポレートガバナンス・コードの「遵守または説明：Comply or Explain」は定時株主総会後に会社が東京証券取引所に提出するコーポレートガバナンス報告書に記載されている。東京証券取引所はその結果を集計したものを定期的にホームページ上で公開しているので参考にすることを勧める。

　この「遵守または説明：Comply or Explain」というルールに基づいて会社が合理的で納得のいく説明を株主に対してする努力は，次に述べるスチュワードシップ・コードに基づく投資家の投資先企業との建設的な「目的を持

った対話」（エンゲージメント）に対して会社側からの積極的な対応になることを意味している。

⑤ 株主と企業の対話・スチュワードシップ・コード

日本の機関投資家は,「①日本におけるコーポレートガバナンスの変遷」でも述べたような背景において「もの言わぬ株主」として企業の経営戦略等や不祥事に対してほとんど影響力を行使せず,運用受託者としての責任が甘かった。また,日本特有の「もたれあい」によって機関投資家は投資先企業の経営には注文を付けて来なかった。例えば,特定の生命保険会社は特定の企業およびその従業員に対して保険を買ってもらっているような場合には,その生命保険会社が純粋な投資判断でその会社に投資した場合でも,その会社の経営に対して注文を付けることが難しいという状況が現実にあるわけである。そして,このように株主からのチェックが効かないために緩いコーポレートガバナンスの状況が企業側に長く続き,これが冒頭述べたような「失われた20年」の大きな原因の1つとなってきたのである。

このような状況を打開するために金融庁は,2013年8月より「日本版スチュワードシップ・コードに関する有識者検討会」によって日本版スチュワードシップ・コード（正式名：「責任ある機関投資家」の諸原則《日本版スチュワードシップ・コード》～投資と対話を通じて企業の持続的成長を促すために～）を検討し,パブリック・コメントを経て2014年2月26日に確定し公表した。年金,生命保険会社,損害保険会社などの資産保有者,投資顧問会社等の資産運用者といわれる大規模でかつ長期的な保有を目的として投資する機関投資家は,その機関投資家に運用を委託している委託者に対して受託者として最善の運用を目指す責任を負うわけであるが,このスチュワードシップ・コードはその責任を果たすための指針を示すものであり,その後2017年5月と2020年3月の改訂を経て現行のスチュワードシップ・コードとなっている。これは,企業側の説明責任を促すコーポレートガバナンス・コード

と車の両輪を成している。

　このスチュワードシップ・コードの7つの原則は次のとおりである。

①機関投資家は，スチュワードシップ責任を果たすための明確な方針を策定し，これを公表すべきである。

②機関投資家は，スチュワードシップ責任を果たす上で管理すべき利益相反について，明確な方針を策定し，これを公表すべきである。

③機関投資家は，投資先企業の持続的成長に向けてスチュワードシップ責任を適切に果たすため，当該企業の状況を的確に把握すべきである。

④機関投資家は，投資先企業との建設的な「目的を持った対話」を通じて投資先企業と認識の共有を図るとともに，問題の改善に努めるべきである。

⑤機関投資家は，議決権の行使結果の公表について明確な方針をもつとともに，議決権行使の方針については，単に形式的な判断基準にとどまるのではなく，投資先企業の持続的成長に資するものとなるよう工夫すべきである。

⑥機関投資家は，議決権の行使も含め，スチュワードシップ責任をどのように果たしているかについて，原則として，顧客・受益者に対して定期的に報告を行うべきである。

⑦機関投資家は，投資先企業の持続的成長に資するよう，投資先企業やその事業環境に関する深い理解に基づき，当該企業との対話やスチュワードシップ活動に伴う判断を適切に行うための実力を備えるべきである。

⑧機関投資家向けサービス提供者はスチュワードシップ責任を果たすに当たり，適切にサービスを提供し，インベストメント・チェーン全体の機能向上に資するものとなるよう努めるべきである。

　コーポレートガバナンス・コードとスチュワードシップ・コードの両輪によるコーポレートガバナンス改革は，その後の展開において「形式」から「実質」へと進化させていくことが求められ，2016年11月30日に金融庁・東京証券取引所に設置された「スチュワードシップ・コード及びコーポレートガバ

ナンス・コードのフォローアップ会議」において，「機関投資家による実効
的なスチュワードシップ活動のあり方」という意見書が公表された。この意
見書の以下のような提言は，現在のスチュワードシップ・コードにも反映さ
れている。

・アセットオーナーによる実効的なチェック
・運用機関のガバナンス・利益相反管理等
・パッシブ運用における対話等
・議決権行使結果の公表の充実
・運用機関の自己評価

スチュワードシップ・コードのこのような改訂を受けて2018年のコーポレ
ートガバナンス・コード改訂版においても，機関投資家の責任について次の
ような「原則2－6．企業年金のアセットオーナーとしての機能発揮」が新
たに設けられ現在に至っている。

「上場会社は，企業年金の積立金の運用が，従業員の安定的な資産形成に
加えて自らの財政状態にも影響を与えることを踏まえ，企業年金が運用（運
用機関に対するモニタリングなどのスチュワードシップ活動を含む）の専
門性を高めてアセットオーナーとして期待される機能を発揮できるよう，
運用に当たる適切な資質を持った人材の計画的な登用・配置などの人事面
や運営面における取組みを行うとともに，そうした取組みの内容を開示す
べきである。その際，上場会社は，企業年金の受益者と会社との間に生じ
得る利益相反が適切に管理されるようすべきである。」

この投資家と企業の対話については，2021年6月にコーポレートガバナン
ス・コードの2回目の改訂と同時に，金融庁は「投資家と企業の対話ガイド
ライン」の改訂版を公表している。このガイドラインは，コーポレートガバ
ナンスを巡る現在の課題を踏まえ，スチュワードシップ・コードおよびコー
ポレートガバナンス・コードが求める持続的な成長と中長期的な企業価値の
向上に向けた機関投資家と企業の対話において，重点的に議論することが期

待される事項を取りまとめたものである。

このガイドラインは，コーポレートガバナンス・コードとスチュワードシップ・コードの付属文書として位置づけられている。

コーポレートガバナンスを巡る今後の課題

コーポレートガバナンス・コードの2回目の改訂（2021年6月）によって上場企業のコーポレートガバナンスはより強化されたように見える。

1つの証拠は取締役会における社外取締役の構成比率が増えたことである。東京証券取引所の「コーポレートガバナンス・コードへの対応状況（2022年7月14日時点）」によるとプライム市場上場企業の92.1％が独立社外取締役を3分の1以上選任している。

また，同じ資料からコーポレートガバナンス・コードの遵守（コンプライ）の状況も知ることができる。コーポレートガバナンス・コードの各原則のうち14の原則については，原則を実施するに際し，特定の事項を開示しなければならないが，プライム市場上場企業の14原則の遵守率は平均で92.5％となっている。

一方で，このような状況にたいして，実態として実質が伴っているかどうかという課題も出てきている。

・社外取締役について本当にその機能が発揮できているかどうか
・取締役会の実効性はどのように評価されているのか
・サステナビリティ経営の取り組みはどうなっているのか
・取締役会，会社中核人材のダイバーシティを含む人的資本の活用ができているか

これらの課題に向けての取り組みについて第5章でもう少し詳しく述べるが，実際には道半ばの上場企業が多いのではないだろうか。特に，サステナビリティ経営の取り組みについては，上記の東京証券取引所の資料によると，

「補充原則3―1③サステナビリティへの取り組み／TCFD等に基づく対応」
へのプライム市場上場企業の遵守率は62％と全体の平均と比較すると格段に
低くなっており対応の遅れが見てとれる。

 非上場企業のコーポレートガバナンスについて

　これまでは上場企業を前提に説明をしてきたが，非上場企業のコーポレー
トガバナンスも重要である。非上場企業の中でも上場企業の子会社の場合は
親会社のコーポレートガバナンス・コードへの遵守状況に応じた対応をする
ことになる。

　上場企業の子会社でない非上場企業でも，前述したようにコーポレートガ
バナンスが企業のすべてのステークホルダーの利害のバランスをとりながら
企業価値の向上を目指す仕組みであると考えると，非上場の企業の経営者お
よび取締役会もコーポレートガバナンス・コードの中で非上場企業にも適用
できる原則については十分に理解し，対応することが望ましい。

　非上場企業でも上場企業よりはるかに企業規模の大きい会社も多くあり，
そのような企業はその活動が社会に与える影響も大きく，投資家の投資対象
にはならなくてもステークホルダーの利害を考慮して経営を行うことが望ま
れる。特に，サステナビリティへの対応やダイバーシティを考慮した人的資
本経営については上場企業と同様の配慮が望まれる。

1）「善管注意義務」および「忠実義務」についての詳しい説明は第4章1「3．監査役等の
　義務と権限」（69〜70ページ）を参照してほしい。
2）229ページにおいて説明している企業不祥事のケーススタディを参照のこと。
3）資本金5億円以上または負債200億円以上をもつ会社。この定義は会社法にも引き継がれ
　ている。今後本書の中で，大会社といった場合はすべてこの意味である。

第 2 章

3つの会社機関と
その機能

会社法のもとでの会社機関

わが国の株式会社には多様な機関設計が認められている。ただし，どのような株式会社でも，株主総会および少なくとも1名の取締役は必ず設置しなければならない会社機関である。さらに，会社法上の「公開会社」（すべてまたは一部の株式について譲渡制限を設けていない株式会社）は，取締役会を設置しなければならない。

取締役会を設置する場合には，3人以上の取締役で取締役会を組織し，取締役会は取締役の中から代表取締役を選定しなければならない。取締役会は，会社の業務執行の決定および代表取締役および業務執行取締役による業務執行の監督を行う。

さらに，会社法上の「大会社」（資本金5億円以上または負債200億円以上の株式会社）に該当する場合には，選択したガバナンス形態に応じて一定の会社機関の設置が義務づけられている。

これらの条件を満たした上で，次のいずれかのガバナンス形態を選択して機関設計を行うことになる。

①監査役設置会社

②指名委員会等設置会社

③監査等委員会設置会社

④取締役以外の機関を設置しない会社（一定の中小会社のみ選択可能）

また，法定機関とは別に会社が任意に機関を設置することも広く行われている実務である。

ここでは，大会社および中小会社における法定機関について概観し，次いで，一般に設置されることの多い法定外の機関についてもふれることとする。

1．大会社の法定機関

会社法上の大会社の場合，①監査役設置会社，②指名委員会等設置会社，

③監査等委員会設置会社，のいずれかのガバナンス形態を選択することになる（図表2－1参照）。

　いずれの形態を選択しても，会計監査人は必須設置機関である。その他の必須設置機関は，形態別に次のとおりである。

①監査役設置会社

　大会社である公開会社の場合には，取締役会に加えて監査役会を設置しなければならない。株式譲渡制限会社（すべての株式について譲渡制限を設けている株式会社）の場合には，いずれも任意設置である。ただし，株式譲渡制限会社でも，会社の意思で監査役会を設置して監査役会設置会社になる場合には取締役会を設置しなければならない。

　なお，東証上場会社の場合，監査役設置会社を選択する場合，監査役会を設置することが義務づけられている（東証・有価証券上場規程第437条）。

②指名委員会等設置会社

　取締役会，指名委員会，監査委員会，報酬委員会，および執行役を設置し

■図表2－1　大会社の法定機関

	機関	役員
監査役設置会社	取締役会^{注)} 監査役会（公開会社の場合） 会計監査人	取締役 監査役
指名委員会等設置会社	取締役会 指名委員会 報酬委員会 監査委員会 会計監査人	取締役 執行役
監査等委員会設置会社	取締役会 監査等委員会 会計監査人	取締役

注）公開会社の場合，および株式譲渡制限会社で監査役会設置会社の場合

なければならない。監査役を設置することはできない。

③監査等委員会設置会社

　取締役会および監査等委員会を設置しなければならない。監査役を設置することはできない。

2．中・小会社の会社機関

　大会社以外の会社（中・小会社）が必ず設置しなければならない法定会社機関は，株式譲渡制限会社の場合には，株主総会と取締役のみである。全株式に譲渡制限を設ければ，取締役会，監査役などの機関は不要で，取締役1名のみで法定要件を満たす。公開会社の場合には，中小会社でも取締役会を設置しなければならない。

　中小会社の場合も会社が望めば，大会社と同様に上記の①監査役設置会社，②指名委員会等設置会社，③監査等委員会設置会社のいずれかのガバナンス形態を選択することができる。

3．その他，法定外の会社機関

　以上の法定会社機関に加えて，会社は任意に独自の機関を設置することができる。このような任意の機関として多くの会社が設置しているのが各種の諮問機関である。指名委員会等設置会社ではないガバナンス形態でありながら，指名委員会等設置会社の法定機関である指名委員会や報酬委員会を任意の諮問委員会として設置している例が見られる。

　なお，コーポレートガバナンス・コードでは，上場会社のうち監査役会設置会社または監査等委員会設置会社であって，独立社外取締役が取締役会の過半数に達していない場合には，経営陣幹部・取締役の指名（後継者計画を含む）・報酬などに係る取締役会の機能の独立性・客観性と説明責任を強化するため，取締役会の下に独立社外取締役を主要な構成員とする独立した指名委員会・報酬委員会を設置することが原則とされている（補充原則4-10①）。

　また，「執行役員」などの役職も任意に設置している会社が多い。コーポレートガバナンス・コードでは，「執行役員」は経営陣に含まれる役職として認知されている。監査役設置会社を基本形態としつつ，「執行役員」を任命して指名委員会等設置会社の執行役と同様の業務執行にあたらせるハイブリッド型の組織も散見される。

　以下で，わが国企業の基本的なガバナンス形態である①監査役設置会社，②指名委員会等設置会社，③監査等委員会設置会社の3形態について，その特徴を見ることにする。

監査役設置会社

　明治時代に監査役制度がドイツから導入されて以来，日本の多くの会社は監査役設置会社である。

　監査役設置会社では，取締役に加えて監査役を設置する。

　公開会社の場合，大会社でも中小会社でも，取締役，監査役に加えて取締役会が必須設置となる。

　大会社の場合，会計監査人（公認会計士または監査法人）が必須設置となる。

　監査役設置会社の中でも，大会社である公開会社は監査役会を設置する義務がある。株式譲渡制限会社の場合，監査役会は任意設置であるが，設置する場合には取締役会が必須設置となる。

　監査役は取締役の職務執行を監査する。また，会計監査人の監査が相当であるかどうかを判断するとともに，会計監査人選解任・不再任議案の内容決定や会計監査人報酬についての同意権など，重要な役割・責任をもつ（監査役の役割と責任の詳細については第4章参照）。

　監査役会設置会社においては，監査役は3人以上で，そのうち半数以上は社外監査役でなければならない。監査役会は監査役の中から常勤監査役を選定しなければならない。

■図表2-2 監査役会設置会社（大会社のケース）

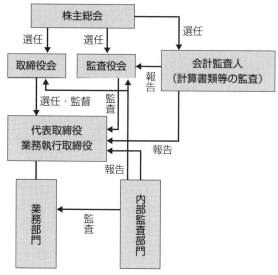

出所：著者作成。

　大会社に一般的な監査役会設置会社の体制図を図表2-2に示した。株主総会で取締役，監査役，および会計監査人が選任される。取締役全員で取締役会を組織し，同様に，監査役全員で監査役会を組織する。取締役会は代表取締役および任意に業務執行取締役を選任して監督する。監査役はすべての取締役の職務執行を監査する。会計監査人は計算書類等を監査する。法律で義務づけられていないが，上場会社などでは内部監査部門が設置され，業務活動等の監査を行う。

③ 指名委員会等設置会社

　指名委員会等設置会社は，2002（平成14）年商法改正で導入された委員会設置会社を原型とする英米型のガバナンス・モデルである。

　指名委員会等設置会社では，取締役会，指名委員会，監査委員会，報酬委

員会，執行役・代表執行役および会計監査人が必須設置機関である。監査役
を設置することはできない。

　指名委員会，監査委員会，報酬委員会の各委員会は，取締役の中から取締
役会によって決議・選定された委員３人以上で組織される。各委員会の委員
の過半数は社外取締役でなければならない。各委員会の役割は次のとおりで
ある。

　・指名委員会……株主総会に提出する取締役・会計参与の選任・解任の議
　　案の内容の決定。

　・監査委員会……執行役・取締役・会計参与の職務執行の監査と監査報告
　　の作成。会計監査人の監査が妥当であるかどうかの判断。株主総会に提
　　出する会計監査人選解任・不再任の議案の内容の決定。会計監査人報酬
　　についての同意権行使。

　　なお，監査委員（監査委員会の委員である取締役）には，業務執行取
　　締役・執行役・使用人等の兼務不可等の独立性の規制がある。

■図表２−３　指名委員会等設置会社

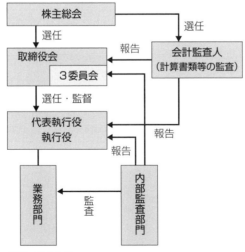

出所：著者作成。

　　・報酬委員会……執行役・取締役・会計参与の個人別報酬等の内容の決定。

　執行役の役割は，業務執行の決定および業務の執行である。なお，取締役会は執行役の中から代表執行役を選定しなければならない。

　指名委員会等設置会社の体制図を図表2－3に示した。株主総会で取締役および会計監査人が選任される。取締役全員で取締役会を組織する。取締役会は執行役および代表執行役を選任して監督する。取締役会の下部組織として設置された上記の3委員会がそれぞれの役割を果たす。会計監査人は計算書類等を監査する。法律で義務づけられていないが，上場会社などでは内部監査部門が設置され，業務活動等の監査を行う。

 監査等委員会設置会社

　2014（平成26）年改正会社法によって導入された制度である。

　取締役会・代表取締役，監査等委員会，および会計監査人が必須設置機関である。指名委員会，報酬委員会および執行役は法定機関としては設置されない。監査役を設置することはできない。

　株主総会において，監査等委員である取締役とそれ以外の取締役が区別して選任される。監査等委員である取締役は3人以上で，その過半数は社外取締役でなければならない。すべての監査等委員で監査等委員会を組織する。

　監査等委員会の主な役割は次のとおりである。

　・取締役の職務執行の監査，監査報告
　・会計監査人の監査が相当であるかどうかの判断
　・会計監査人選解任・不再任議案の内容決定
　・会計監査人報酬についての同意権行使
　・取締役の選解任・報酬について株主総会で意見を述べることができる

　なお，監査等委員（監査等委員会の委員である取締役）には，業務執行取

■図表2−4　監査等委員会設置会社

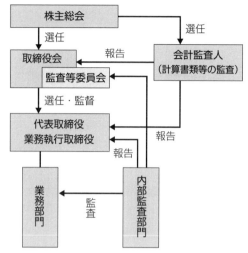

出所：著者作成。

締役・使用人・子会社の執行役等の兼務不可等の独立性の規制がある。

　監査等委員会の体制図を図表2−4に示した。株主総会で取締役および会計監査人が選任される。取締役全員で取締役会を組織する。取締役会は代表取締役および任意に業務執行取締役を選任して監督する。監査等委員会は上記の役割を果たす。会計監査人は計算書類等を監査する。法律で義務づけられていないが，上場会社などでは内部監査部門が設置され，業務活動等の監査を行う。

　監査等委員会設置会社ではその主たる目的である監督と執行の分離という点では監査役会設置会社よりも明確であるが，一方で，監査の観点で見ると次の2つの点で脆弱性が観られるとの指摘がある。

　①常勤の取締役監査等委員の設置が義務付けられておらず，十分な日常的な業務執行の監査や社内情報の収集が十分に行われるかどうかが懸念される。

　②上記の点を補う機能として内部監査部門があるが，この内部監査の機能

が十分でない監査等委員会設置会社では監査役設置会社に比較して明らかに監査の脆弱性があると言わざるを得ない。

このような脆弱性を克服する措置が講じられているか確認する必要がある。

 5 監査役，監査委員，監査等委員の異同

一般的に監査役等という言葉が使われているが，これは監査役設置会社の監査役，指名委員会等設置会社の取締役監査委員，監査等委員会設置会社の取締役監査等委員をまとめた呼称である。ここでは，それぞれの制度上の異同について説明する。選択する機関設計に応じて以下のとおりそれぞれ独自

■図表2−5　監査役，監査委員，監査等委員の異同

	監査役会（監査役）	監査委員会（監査委員）	監査等委員会（監査等委員）
取締役会における議決権	なし	あり	あり
構成	3名以上 半数以上は社外	3名以上 過半数は社外	3名以上 過半数は社外
常勤者	必要	不要	不要
選任・選定	株主総会で選任	取締役会で選定	株主総会で選任 （監査等委員以外の取締役会と区分して選任）
任期	4年	1年	2年
解任・解職	株主総会の特別決議	取締役会決議 （監査委員の地位の解職） 株主総会の普通決議 （取締役の地位の解任）	株主総会の特別決議
報酬	定款の定め又は株主総会決議	報酬委員会の決定	定款の定め又は株主総会決議（監査等委員以外の取締役と区別して決議）
監査対象	取締役の職務執行	取締役・執行役の職務執行	取締役の職務執行
独任制の有無	あり	なし（内部統制システムを利用した組織的監査を想定）	
監査報告書	各監査役及び監査役会	監査委員会	監査等委員会
株主総会における他の取締役の選解任・報酬についての意見陳述権	なし	なし	あり

出所：著者作成。

の監査機関が設置され，その構成員として会社役員が選任される。

　・監査役設置会社……監査役会（監査役）
　・指名委員会等設置会社……監査委員会（取締役監査委員）
　・監査等委員会設置会社……監査等委員会（取締役監査等委員）

　これら三者の異同点について図表2-5を参照していただきたい。

　監査の過程における監査役の独任制および監査委員会，監査等委員会による監査の違いについては第4章「1 監査役等の役割，義務，権限および責任」（62ページ）に説明するが，ここではなぜ監査委員会，監査等委員会が独任制をとらないか，また常勤の監査委員または監査等委員を置くことが要請されていないかを説明する。

　そもそも指名委員会等設置会社における委員会の仕組みは米国の制度にならったものであり，監査等委員会も指名委員会等設置会社の派生形態である。この仕組みの下では，監査委員または監査等委員は取締役であり取締役会の決議に拘束される。この点から独任制は，監査委員および監査等委員にはそぐわない仕組みである。また監査委員会または監査等委員会のすべての委員が社外取締役であることも制度上は許容されており，それゆえ常勤の監査委員または監査等委員の設置は要請されていないのである。

 会社機関の選択と設計

　以上見てきたとおり，会社法のもとで多様な機関設計ができるようになっている。自社が会社法上の「大会社」や「公開会社」に該当する場合，一定の法定機関の設置が義務づけられているが，その要件を満たした上で，さまざまな機関設計を行うことができる。

　どのような機関設計を行うかは企業の戦略に基づいて決定することになる。この点についてコーポレートガバナンス・コードでは，基本原則4の「考え方」の中で上場企業の機関設計について「上記の3種類の機関設計のいずれを採

用する場合でも，重要なことは，創意工夫を施すことによりそれぞれの機関の機能を実質的かつ十分に発揮させることである。」と述べていることに留意したい。

企業グループを形成している場合には，グループ全体のガバナンス体制を検討し，その中で親会社や各グループ会社の機関設計を行うことになる。海外グループ会社がある場合には，現地国のガバナンス要件も満たす必要がある。

経営環境や経営戦略の変化に応じて経営組織やガバナンス体制の改革が必要となる局面もあるであろう。しかし，ガバナンス体制は組織の全役職員を律する基本的な仕組みであることから，朝令暮改は望ましくない。ガバナンス体制の核となる会社機関の選択と設計には慎重な検討が必要である。

東京証券取引所のデータによると機関設計別の上場企業は図表2－6のとおりである。ここには市場区分別に機関設計別の会社数，割合を示している。これによると，改正会社法が2015年に施行されて以来，監査等委員会設置会社がこの約10年間にプライム市場においてもスタンダード市場においても，したがってほぼ市場全体においても40％を超えていることが示されている。

■図表2－6 市場区分別・機関設計別の上場会社数と割合
（2024年2月28日時点）

市場区分	監査役設置会社	指名委員会等設置会社	監査等委員会設置会社	合計
プライム	893社 (54.0%)	77社 (4.7%)	684社 (41.4%)	1,654社 (100.0%)
スタンダード	932社 (57.9%)	11社 (0.7%)	668社 (41.5%)	1,611社 (100.0%)
グロース	368社 (65.4%)	3社 (0.5%)	192社 (34.1%)	563社 (100.0%)
合計	2,193社 (57.3%)	91社 (2.4%)	1,544社 (40.3%)	3,828社 (100.0%)

Tokyo Pro Market（96社），外国会社（6社）は含まない数字
出所：東京証券取引所データより作成。

　この主たる理由は2つあり，それゆえに監査等委員会設置会社という機関設計に対する評価も2つに分かれている。

　監査等委員会設置会社という機関設計が可能になった直後は，社外取締役の設置が2014年改正会社法によって実質的に義務づけられたこともあり，社外取締役の員数合わせとして安易に利用される傾向があったことである。

　一方で，より実効的なコーポレートガバナンスとして執行と監督の分離ということが強く要請されるようになったこともあり，監督により重点を置いたモニタリング・ボードとしての機能を発揮しやすいという理由で積極的に監査等委員会設置会社へ移行する企業も増えてきていることももう1つの理由である。

　しかし，重要なことはこの節の冒頭にも書いたように，「創意工夫を施すことによりそれぞれの機関の機能を実質的かつ十分に発揮させること」である。その際，留意しておかなければならない点は，監査等委員会設置会社では常勤の取締役監査等委員を置く義務のないことである。この点から見ると，会社法によって常勤監査役の設置を義務化している監査役会設置会社と比較して緩い制度になっていることは否めない。現状では常勤の取締役監査等委員を置いている企業も多くあると推察するが，置いていない場合は，監査等委員会へのレポーティング・ラインを持ち実効性のある内部監査部門を設置するなどの措置をとらないかぎり，監査役会設置会社と比較すると情報収集力はより脆弱であるといわざるを得ない。

第 3 章

社外取締役の役割と責任

執行と監督

　取締役および取締役会の権限と責任については会社法で詳細に定められているが，取締役および取締役会の最も重要で基本的役割についてはコーポレートガバナンス・コードの「基本原則4」として明確に記されている。

【基本原則4】

　上場会社の取締役会は，株主に対する受託者責任・説明責任を踏まえ，会社の持続的成長と中長期的な企業価値の向上を促し，収益力・資本効率等の改善を図るべく，
- (1) 企業戦略等の大きな方向性を示すこと
- (2) 経営幹部による適切なリスクテイクを支える環境整備を行うこと
- (3) 独立した客観的な立場から，経営陣（執行役およびいわゆる執行役員を含む）・取締役に対する実効性の高い監督を行うことをはじめとする役割・責務を適切に果たすべきである。

　　こうした役割・責務は監査役会設置会社（その役割・責務の一部は監査役および監査役会が担うこととなる），指名委員会等設置会社，監査等設置会社など，いずれの機関設計を採用する場合にも，等しく適切に果たされるべきである。

　ここに述べられているように，取締役・取締役会の基本的な役割は，株主から預かった資金を中長期的に成長性・収益力の高い分野に投資し，会社の持続的成長と企業価値の向上を図ることである。そのためには適切なリスク・マネジメントに裏打ちされた企業戦略の策定とそれに基づいた業務執行を経営陣に委任し，その業務執行の監督・評価を行う必要がある。

　第2章で述べられているように，会社の機関設計には，監査役（会）設置会社，指名委員会等設置会および監査等委員会設置会社の3つの選択肢がある。

ここでこの３つの機関設計を念頭に置きながら業務執行と監督という観点で取締役の役割を見てみよう。

　社外取締役を置かない従来型の監査役会設置会社の場合には，業務執行者がその業務執行を監督するという形で，この業務執行と業務執行の監督という２つの役割が渾然一体となり取締役による監督という機能が効果を発揮しにくい構造になっている。社外取締役を置く監査役設置会社でもほとんどの場合，社外取締役の数は少数であり，それ故，業務執行と監督の分離が不明確である。一方で，社外監査役が過半数を占める監査役会が取締役の業務執行を監査するという形になっているが，取締役の業務執行の妥当性の監査については，監査役はある程度の影響力は及ぼせるものの取締役会における議決権がないために決定的な影響力は及ぼせないとされてきた。

　しかし，コーポレートガバナンス・コードでは，この点に関する監査役の役割について，「原則４－４　監査役及び監査役会の役割・責務」において「監査役及び監査役会に期待される重要な役割・責務には，業務監査・会計監査をはじめとするいわば『守りの機能』があるが，こうした機能を含め，その役割・責務を十分に果たすためには，自らの守備範囲を過度に狭く捉えることは適切でなく，能動的・積極的に権限を行使し，取締役会においてあるいは経営陣に対して適切に意見を述べるべきである」として企業価値創造における監査役の積極的な役割を期待している。

　この執行機関（Management Board）と監督機関（Supervisory Board）の混合型（Hybrid Board）の取締役会については，会社法第362条第２項でその役割を明確に定めている。

　取締役会は次に掲げる職務を行う。

一　取締役会設置会社の業務執行の決定

二　取締役の職務の執行の監督

三　代表取締役の選定および解任

　これに対し，指名委員会等設置会社では，上記の「業務執行の決定」を執

行役に委任することができる。これによって執行役の業務執行を取締役会が監督できる形が明確になる。この場合，取締役会の重要な役割として指名委員会等設置会社の取締役会は業務執行の監督の指針となる「経営の基本方針」を決定することが義務づけられている。また，監査等委員会設置会社における取締役の役割も指名委員会等設置会社の取締役の役割に準じたものになっている。

社外取締役の役割

①コーポレートガバナンス・コードに見る社外取締役の役割

　業務執行と監督を分離し，より効果的に取締役の業務執行の監督を行うことが重要視されてくる中で，社外取締役の役割への期待が大きくなってきている。そのような流れの中で，2021年6月に改訂された現行のコーポレートガバナンス・コードは，社外取締役が社内の常識とは異なる視点で経営をモニタリングすることができるという観点から，取締役会における独立社外取締役の構成について，プライム市場上場企業で過半数，その他の市場で3分の1以上という指針および取締役会の多様性の指針を示している。

【原則4-8．独立社外取締役の有効な活用】
　（略）プライム市場上場会社は（略）独立社外取締役を少なくとも3分の1（その他の上場会社においては2名）以上選任すべきである。また過半数の独立社外取締役を選任することが必要と考えるプライム市場上場会社（その他の市場の上場会社においては少なくとも3分の1以上の独立社外取締役を選任することが必要と考える上場会社）は十分な人数の独立社外取締役を選任すべきである。

　2019（令和元）年12月4日に成立した改正会社法では，それまで社外取締役を置いていない会社で監査役設置会社（公開会社であり，かつ，大会社であるものに限る）のうち有価証券報告義務を課されている会社に課していた社外取締役を置くことが相当でない理由の説明を廃止し，これらの会社に対

して社外取締役を置くことを義務づけた。

【原則4−11．取締役会・監査役会の実効性確保のための前提条件】
　取締役会は，その役割・責務を実効的に果たすための知識・経験・能力を全体としてバランスよく備え，ジェンダーや国際性の面を含む多様性と適正規模を両立させる形で構成されるべきである。

　また，コーポレートガバナンス・コードでは，独立社外取締役の役割・責務については次のように記している。

【原則4−7．独立社外取締役の役割・責務】
　上場会社は，独立社外取締役には，特に以下の役割・責務を果たすことが期待されることに留意しつつ，その有効な活用を図るべきである。
　（ⅰ）経営の方針や経営改善について，自らの知見に基づき，会社の持続的な成長を促し中長期的な企業価値の向上を図る，との観点から助言を行うこと
　（ⅱ）経営幹部の選解任その他取締役会の重要な意思決定を通じ，経営の監督を行うこと
　（ⅲ）会社と経営陣・支配株主との間の利益相反を監督すること
　（ⅳ）経営陣・支配株主から独立した立場で，少数株主をはじめとするステークホルダーの意見を取締役会に反映させること

　「（ⅰ）経営の方針や経営改善について，自らの知見に基づき，会社の持続的な成長を促し中長期的な企業価値の向上を図る，との観点から助言を行うこと」については，社内の取締役の中にある暗黙の理解に対して社外取締役の外部の眼からのチェックが入ることによりまったく違った観点から経営の基本方針や戦略についてより深い議論が可能になるであろう。社外取締役のこの役割こそ，稼ぐ力を生み出すためのコーポレートガバナンスの機能を発

揮させるものである。

　一方で，「（ⅱ）経営幹部の選解任その他取締役会の重要な意思決定を通じ，経営の監督を行うこと」については，事業執行を行う経営陣が会社の基本方針に沿って業務執行を行っているかどうかを評価し，最終的には経営陣を選解任するという人事権の行使に裏づけられた監督を行うことである。これは，経営陣の業務執行が法令等に違反していないかどうかということだけではなく，会社の経営目標に対して十分な業績を上げているかどうかという点についても監督することであり，企業価値を向上させるためのコーポレートガバナンスの機能である。

　「（ⅲ）会社と経営陣・支配株主との間の利益相反を監督すること」，「（ⅳ）経営陣・支配株主から独立した立場で，少数株主をはじめとするステークホルダーの意見を取締役会に反映させること」については，特に独立社外取締役の独立性が強い意味をもってくるので社内取締役にはできない役割である。独立社外取締役がどちらかの側に偏った立場の場合には，会社と経営陣・支配株主の間の利益相反に対して中立的な判断ができなくなる。また，ステークホルダーの間の利害関係についてバランスを考慮した判断もできなくなる。

②社外取締役ガイドライン（経済産業省）に見る社外取締役の役割

　社外取締役の役割についてもう１つの参考資料は，経済産業省が2020年7月31日に公表した「社外取締役の在り方に関する実務指針（社外取締役ガイドライン）」である。

　この社外取締役ガイドラインは，社外取締役の人数が急速に増加している中で，社外取締役が「形式的な導入にとどまり役割認識が明確になっていないのではないか，会社の持続的な成長と中長期的な企業価値の向上に必ずしも貢献できていないのではないか」という問題意識のもとに2020年11月から2021年１月にかけて実施したアンケート調査と42名の社外取締役に対するインタビューに基づいて取りまとめたものである。

　ここで社外取締役の役割について，「特に，社外者として経営陣から独立

した立場から，経営（経営陣による業務執行）の監督を行う役割が期待されている。」と述べ，5つの心得を提言している。

［心得1］

社外監査役の最も重要な役割は，経営の監督である。その中核は，経営を担う経営陣（特に社長・CEO）に対する評価と，それに基づく指名・再任や報酬の決定を行うことであり，必要な場合には，社長・CEOの交代を主導することも含まれる。

［心得2］

社外取締役は，社内のしがらみにとらわれない立場で，中長期的で幅広い多様な視点から，市場や産業構造の変化を踏まえた会社の将来を見据え，会社の持続的成長に向けた経営戦略を考えることである。

［心得3］

社外取締役は，業務執行から独立した立場から，経営陣（特に，社長・CEO）に対して遠慮せずに発言・行動することを心掛けるべきである。

［心得4］

社外取締役は，社長・CEOを含む経営陣と，適度な緊張感・距離感を保ちつつ，コミュニケーションを図り，信頼関係を築くことを心掛けるべきである。

［心得5］

会社と経営陣・支配株主等との利益相反を監督することは，社外取締役の重要な責務である。

　また，社外取締役としての具体的な行動の在り方について以下の7つの場

面について整理している。紙数の関係で詳細な内容についてここで述べることはできないが，第5章「2　企業価値創造に資する社外取締役・監査役等の役割」（154ページ）で適宜参照する。また，この社外取締役ガイドラインは，社外取締役の実務に役立つ助言が多いので是非，全体を通読してほしい（https://www.meti.go.jp/press/2020/07/20200731004/20200731004-1.pdf）。

（1）就任時の留意事項
（2）取締役会の実効性を高めるための働きかけ
（3）氏名・報酬への関与の在り方
（4）取締役，指名委員会・報酬委員会の実効性評価
（5）取締役会以外の場でのコミュニケーション
（6）投資家との対話やIR等への関与
（7）情報収集，研修，研鑽

③業務執行の社外取締役への委託

　コーポレートガバナンス・コードは，「経営の方針や経営改善について，自らの知見に基づき，会社の持続的な成長を促し中長期的な観点から助言を行うこと」を求めているが，会社法では，社外取締役の社外性の条件の1つとして「当該株式会社の業務を執行した取締役でない」という条件を定めており（会社法第2条15号イ），会社の業務の執行に携わると社外性を喪失してしまいその結果，会社法第327条の2の「社外取締役を置かなければならない」という規定に違反することになる可能性が生じてしまう。

　この問題を明確にするために会社法では，社外取締役が期待されている役割を果たした結果，その社外取締役が社外性を失うことにならないように「業務の執行の社外取締役への委託」という規定が設けられた。（会社法第348条の2）

　この規定によれば，株式会社（指名委員会等設置会社を除く）が社外取締役を置いている場合には，「当該株式会社と取締役との利益が相反する状況

にあるとき，その他取締役が当該株式会社の業務を執行することにより株主
の利益を損なうおそれがあるときは，当該株式会社は，その都度，取締役の
決定（取締役会設置会社にあっては，取締役会の決議）によって，当該株式
会社の業務を執行することを社外取締役に委託することができる。」（会社法
第348条の2第1項）とされている。

　指名委員会等設置会社の場合は，「指名委員会等設置会社と執行役との利
益が相反する状況にあるとき，その他執行役が指名委員会等設置会社の業務
を執行することにより株主の利益を損なうおそれがあるときは，当該指名委
員会等設置会社は，その都度，取締役会の決議によって，当該指名委員会等
設置会社の業務を執行することを社外取締役に委託することができる。」（会
社法第348条の2第2項）とされている。

　そして，上記の規定により委託された業務の執行は，第2条第15号イに規
定する株式会社の業務の執行に該当しないものとされる。ただし，業務執行
取締役，執行役（指名委員会等設置会社の場合）の指揮命令によって社外取
締役がその業務を執行した場合は，第2条第15号イに規定する株式会社の業
務の執行に該当することになり，当該社外取締役の社外性は喪失する。（会

■図表3－1　「業務の執行」に該当しない者と整理し得る社外取締役の行為

ア	経営会議などの取締役会以外の経営に関する会議体に出席し，意見すること
イ	指名・報酬委員会の委員として関与すること
ウ	第三者割当による株式の発行や支配株主との重要な取引等を行う場合において，上場規則等に基づき独立した者からの意見が必要となるときに，その意見を述べること
エ	内部通報の窓口になること
オ	企業不祥事の調査委員会の委員として調査を行うこと
カ	内部統制システムを通じて行われる調査等について指示や指摘をすること
キ	コンプライアンス委員会の委員として関与すること
ク	自らの経験を基に役職員に対するレクチャーを行うこと
ケ	株主や投資家との面談を行うこと

出所：邉英基「監査役のための令和元年改正会社法の解説講座〈第4回〉取締役に関する改正②」月
　　　刊監査役，726号，28‐35頁，2021年。

社法第348条の2第3項)

　森・浜田松本法律事務所の邉英樹弁護士によれば，「業務の執行」に該当しないものと整理し得る社外取締役の行為は図表3－1に示される行為である。社外取締役の実務としては，業務執行となるような懸念のある業務の委託を受けた場合は，会社法に詳しい弁護士に相談することをお勧めする。

 ## 取締役・監査役の損害賠償責任と負担の補償

1．取締役・監査役の損害賠償責任

　取締役・監査役は，民事責任，刑事責任，行政責任を負う。独禁法違反，贈収賄罪，特別背任等の刑事責任に対しては罰金，または罪の重さによっては懲役が科せられる。また，食品衛生法等の業法への違反では営業停止等の行政罰が科せられることがある。このうち取締役・監査役（ここでは以下「役員」という）などの善管注意義務違反や法令違反などの任務懈怠（悪意または重大な過失）により会社または第三者に損害を与えた場合は，民事責任として損害賠償の支払い義務が生じる。（会社法第429条第1項）

　しかしながら，この責任を負うことをおそれて消極的な経営になることをある程度防ぐために役員の損害賠償に対する負担の軽減を図るための法的な措置がある。以下，その措置について説明する。これらの措置は監査役にも同様に適用されるためここであわせて説明する。

2．任務懈怠責任による賠償軽減措置

　役員がその職務を遂行するに当たり，善意かつ無重過失である場合には，以下のような軽減措置がある。下記の「定款による免除」，「責任限定契約」の場合において，監査役以外の責任一部免除の方法を採用する際は，いずれの場合もあらかじめ各監査役の同意が必要である。

①株主総会による免除

　会社に対して負う責任については，会社法第425条により会社役員の最低限度額が定められている。この最低責任限度額は，非業務執行取締役，監査役，会計監査人等については年間報酬の2倍，代表取締役を除く業務執行取締役は4倍，代表取締役・代表執行役は6倍となっている。賠償責任が生じた場合，株主総会によって認められれば，この最低責任限度額を超える部分が免除される。なお，最終完全親会社がある場合の多重代表訴訟の特定責任については，最終完全親会社の株主総会での免除決議も必要となる。

②定款による免除

　問題となっている責任を負う役員等が職務を行う過程で，故意や重大な過失がない場合には，責任の原因となった事実の内容，その役員の職務の執行の状況やその他の事情を勘案して，この責任を負う取締役を除く取締役の過半数以上の同意，または取締役設置会社の場合には取締役会の決議によって，上記の株主総会による免除と同じ免除ができるということを定款で定めることができる[1]。

③責任限定契約

　監査役，非業務執行取締役，会計監査人，会計参与に限っては責任限定契約を締結することができる（会社法第427条第1項）。

　この責任限定契約を結んだ場合には，非業務執行取締役等の負う責任の上限額は，年間報酬額の2倍か，定款で定めた金額の範囲内で会社が定めた金額のいずれか高い方の金額となる。

　つまり，会社によっては，年間報酬額の2倍を超える額について責任を負わなければならない場合があるということである。監査役，あるいは独立社外監査役を要請された場合，あらかじめ責任の上限を明確にしておくために，責任限定契約の定めが定款にあるかどうかを確認しておくことが重要である。

3. 会社補償契約と役員等賠償責任保険（D&O保険）

　上述の軽減措置制度は，裁判所が決定した賠償金額を減額する措置なので十分な根拠をもつことを求められるので，実際にこの制度が適用された例はきわめて少ないといわれている。そこで，会社補償やD&O保険などの代替制度に対して会社法の位置づけを明確にして，わかり易く利用できるよう現在の会社法に，会社補償やD&O保険の規定が新設された。（会社法430条の2，第430条の3）

①会社補償契約

　会社補償契約とは，役員等に対して，防御費用や，賠償金，和解金等の費用の全部または一部を会社が負担することを会社と役員の間で結ぶ契約である。（会社法430条の2）

　防御費用とは，役員が，その職務の執行に関し，法令の規定に違反したことが疑われ，または責任の追及に係る請求を受けたことに対処するために対処する費用を指す。

　会社補償契約の内容は取締役会決議によって決定される。会社補償契約については，その内容の開示が必要となる。（会社法施行規則121条3号の2〜3の4等）

　開示の手段としては次のようなものがある。

・事業報告
・役員等の選任議案に係る株主総会参考資料
・有価証券報告書

②役員等賠償責任保険（D&O保険）

　従来からD&O保険は利用されていたが，会社法上の明確な位置づけはなかった。現在の会社法から規定が設けられ会社法上の位置づけも明らかになった。（会社法第430条の3第1項，会社法施行規則115条の2）

　この保険は会社の役員等を被保険者とするものである。また，株主代表訴

訟担保特約部分の保険料が会社負担であるか役員負担であるかにかかわらず役員等賠償責任保険契約として規制の適用がある。

　役員等賠償責任保険契約の内容は取締役会決議により決定される。また開示については，会社補償契約と同様に以下の方法で行う。

・事業報告
・役員等の選任議案に係る株主総会参考資料
・有価証券報告書

　役員等賠償責任保険は，約款において，被保険者が私的な利益または便宜の供与を違法に受けたことに起因する損害賠償請求，または法令に違反することを被保険者が認識しながら行った行為に起因する損害賠償請求などの場合には，保険金が支払われないことになっている。このような保険会社の免責については，これ以外にも細かな規定が数多くあるので注意が必要である。独立社外取締役，監査役への就任を要請された場合には，その会社が役員等賠償責任保険を契約しているかどうかを確認することが重要である。

 社外取締役の社外性の要件

　社外取締役の社外性の要件について現在の会社法では次のように規定している。

①当該株式会社または子会社の関係者であってはならない。（会社法第2条15号イ）

　　当該株式会社またはその子会社の業務執行取締役もしくは執行役または支配人その他の使用人（以下「業務執行取締役等」という）でなく，かつ，その就任の前10年間当該株式会社またはその子会社の業務執行取締役等であったことがないこと。

②当該株式会社または子会社の非業務取締役または監査役であったことがある者に対する独立性の要件（会社法第2条15号ロ）

　　上記の社外取締役として予定されている就任前10年内のいずれかの時
　点に当該株式会社またはその子会社の取締役，会計参与または監査役で
　あったことがある者にあっては，当該取締役，会計参与または監査役へ
　の就任前10年当該株式会社またはその子会社の業務執行取締役等であっ
　たことがないこと。

③当該株式会社の関係者だけでなくその親会社の関係者であってはならな
　い（会社法第2条15号ハ）
　　当該株式会社の親会社の経営を支配している者（法人であるものを除
　く。）または親会社等の業務執行取締役等でないこと。

④当該株式会社の関係者だけでなく兄弟会社の業務執行取締役等でないこ
　と（会社法第2条15号ニ）
　　当該株式会社の親会社の子会社等（当該株式会社およびその子会社を
　除く）の業務執行取締役等でないこと。

⑤取締役等の近親者であってはならない（会社法第2条15号ホ）
　　当該株式会社の取締役もしくは支配人その他の重要な使用人または親
　会社の経営をしている者の配偶者または2身等内の親族でないこと。

　一方で，東京証券取引所は，独立役員（取締役，監査役）の要件について
上場管理等に関するガイドラインにおいて独自に定めている。これについて
は，東京証券取引所が2021年6月に改訂した「独立役員の確保に係る実務上
の留意事項」に詳しく内容が述べられている。この内容の詳細をここで説明
するにはきわめて複雑であるので，実際に独立役員の候補を選ぶ際には東京
証券取引所に問い合わせて確認することをお勧めする。おおよその概要は図
表3－2と図表3－3を参照されたい。

■図表3－2　東京証券取引所　独立役員の独立性基準（次の者には独立性が認められない）

A	上場会社を主要な取引先とする者またはその業務執行者
B	上場会社の主要な取引先またはその業務執行者
C	上場会社から役員報酬以外に多額の金銭その他の財産を得ているコンサルタント，会計専門家または法律専門家（当該財産を得ている者が法人，組合等の団体である場合は，当該団体に所属する者をいう。）
D	最近においてA，BまたはCに掲げる者に該当していた者
E	就任の前10年以内のいずれかのときにおいて次の（A）から（C）までのいずれかに該当していた者 （A）上場会社の親会社の業務執行者または業務執行者でない取締役 （B）上場会社の親会社の監査役（社外監査役を独立役員として指定する場合に限る。） （C）上場会社の兄弟会社の業務執行者
F	次の（A）から（H）までのいずれかに掲げる者（重要でない者を除く。）の近親者 （A）Aから前Eまでに掲げる者 （B）上場会社の会計参与（当該会計参与が法人である場合は，その職務を行うべき社員を含む。以下同じ。）（社外監査役を独立役員として指定する場合に限る。） （C）上場会社の子会社の業務執行者 （D）上場会社の子会社の業務執行者でない取締役または会計参与（社外監査役を独立役員として指定する場合に限る。） （E）上場会社の親会社の業務執行者または業務執行者でない取締役 （F）上場会社の親会社の監査役（社外監査役を独立役員として指定する場合に限る。） （G）上場会社の兄弟会社の業務執行者 （H）最近において前（B）～（D）または上場会社の業務執行者（社外監査役を独立役員として指定する場合にあっては，業務執行者でない取締役を含む。）に該当していた者

■図表 3 − 3　独立性基準と属性情報の記載の全体イメージ概念図

独立役員の属性		独立性なし	独立性あり		
上場会社・子会社の業務執行者等	親会社・兄弟会社の業務執行者等	主要な取引先，多額の金銭その他の財産を得ているコンサルタント等の業務執行者等	主要株主の業務執行者	主要でない取引先，相互就任先，寄付先の業務執行者	左記に該当しない者

該当時期

現在・最近 ── 独立性なし ／ 要開示

過去（10年以内）

過去（10年以前）

出所：東京証券取引所「独立役員の確保に係る実務上の留意事項（2024年 4 月改訂版）」。

　この独立社外取締役の独立性の判断基準については，コーポレートガバナンス・コードは次のように要求している。

【原則 4 − 9 ．独立社外取締役の独立性判断基準および資質】

　取締役会は，金融商品取引所が定める独立性基準を踏まえ，独立社外取締役となる者の独立性をその実質面において担保することに主眼を置いた独立性判断基準を策定・開示公表すべきである。また，取締役会は，取締役会における率直・活発で建設的な検討への貢献が期待できる人物を独立社外取締役の候補者として選定するよう努めるべきである。

1 ）ただし，総株主の 3 ％以上の株主が反対した場合は，この定款による免除を行うことはできない。また，最終完全親会社がある場合の多重代表訴訟の対象となる特定責任については，最終完全親会社の総株主の 3 ％以上の株主が反対した場合にも，この定款による免除を行うことはできない。

第4章

監査役等の役割と責任
および監査役等監査の概要

1 監査役等の役割，義務，権限および責任

1．監査とは何か

監査には，大きく分けて，会計監査と業務監査の2つがある。

まず，1つ目の「会計監査」とは何かという点については，1973年にアメリカ会計協会（American Accounting Association：AAA）が公表した基礎的監査概念委員会の報告書（A Statement of Basic Auditing Concepts：ASOBAC）による古典的で現在も会計監査の定義として一般的に用いられている定義がある。それによると，会計監査とは，「経済活動と経済事象についての主張と確立した基準との合致の程度を確かめるために，これらの主張に関する証拠を客観的に収集・評価するとともに，その結果を利害関係をもつ利用者に伝達する体系的な過程である」とされている[1]。

きわめて抽象的で幅広い概念であるが，ここにはいくつかのキーワードがある。それぞれについて本書の文脈の中で解釈してみる。

【経済活動と経済事象（economic actions and events）】

これは何らかの経済主体が行う経済活動とその結果としての経済的な事象の発生を意味する。本書で扱う経済主体は会社ということになるので，本書の文脈で解釈すると，会社が行う事業および業務とその結果として起きた経済的な結果を意味することになる。

【主張（assertions）】

「主張」とは，会社の行った事業および業務に関するさまざまな報告および経済的な結果をまとめた財務報告書等，会社を運営する経営者の報告における経営者の「主張」ということになる。なお，assertionsの訳としてはこれまで「主張」という表現が用いられてきたが，現在では，「アサーション」という表現を用いるのが一般的になっている。この「アサーション」は，こ

れらの報告に経済主体の主観的な考え方が反映されていることを意味することに注意しておく必要がある。この主観的な考え方の例としては，財務報告書を作成するにあたっての，会社としての会計上の判断，推計あるいは見積などがある。

【確立した基準（established criteria）】

この「確立した基準」とは，客観的で世の中に一般的に受け入れられている基準を意味する。具体的な例でいえば，財務報告書に対する一般会計原則がそのような基準の1つである。また，事業活動の一環として取締役が執り行う職務については，会社法をはじめとするさまざまな法令や規則，会社の定款などがこの確立した基準になる。

【合致の程度を確かめる（to ascertain the degree of correspondence）】

これは，経済主体である会社の主張を反映した事業に関するさまざまな報告や財務報告書が，客観的で世の中に一般的に受け入れられている基準から逸脱しているかどうかということを確かめることを意味している。

誰が確かめるのかについては，当然，経済主体である会社から独立した第三者が確かめるということが大前提であると解釈すべきである。本書の文脈からすれば，この第三者は，会計監査人および監査役になる。

【証拠を客観的に収集・評価する（objectively obtaining and evaluating evidence）】

証拠とは，会社の主張と客観的で世の中に一般的に受け入れられている基準に合致していることを客観的に裏づける物証や情報を意味する。これらを，あるがままに収集し，会社の主張と客観的で世の中に一般的に受け入れられている基準と合致していることを，客観的に説明できるかどうかを評価することを指す。本書の文脈でいえば，この証拠の収集活動には，監査役の取締役会への出席や代表取締役との面談，重要な書類の閲覧などが含まれる。

【結果を利害関係をもつ利用者に伝達する（communicating the results to interested users）】

　利害関係者という言葉が，ここで定義している監査がなぜ必要であるかという本源的な理由を示している。つまり，本書の文脈でいえば，経済主体としての会社を経営する経営者と株主の間に利害が対立する可能性があることが，監査を必要とする本源的な理由である。一般的に，個々の株主が，経営者の「主張する」業務に関する報告や財務報告書に対して，客観的基準と合致しているかどうかを直接確認することは不可能である。したがって，個々の株主に代わって独立した第三者が，個々の株主に経営者の主張が客観的基準に合致しているかどうかを伝達することが必要となる。

【体系的な過程（a systematic process）】

　このような証拠の収集・評価，経営者の主張と客観的基準の乖離の確認および利害関係者への報告という一連の行為は，それぞれが関連した体系的なものであると同時に，継続的に行われる行為すなわち過程であるといえる。

❗もう少し説明③　監査に登場する役者たち

　「1．監査業務の種類とその相互関連」（84ページ）で詳しく説明するように，監査にはいくつかの種類がある。それぞれの監査には異なる役者が登場する。

【会計監査人】

　会社法や金融商品取引法によって定められた外部の独立した者によって行われる監査を会計監査人監査と呼ぶ（ただし，「会計監査人」は会社法が規定する用語）。この会計監査人は公認会計士を意味する。また複数の公認会計士が作った法人を監査法人と呼ぶ。本書では，公認会計士および監査法人を含めた集合名詞として会計監査人と呼ぶことにする。

【内部監査人】

　一般に取締役の指揮の下に会社の業務が適正にかつ効率よく行われているかどうか等の観点で監査することを内部監査と呼ぶ。この内部監査を行う者が内部監査人と呼ばれる。また，内部監査人は，監査スタッフと呼ばれることもある。そして，複数の内部監査人からなる部署を内部監査部門と呼ぶ。本書では，内部監査人および内部監査部門を含めた集合名詞として内部監査人と呼ぶことにする。

【監査役等】

　監査役，取締役監査委員，取締役監査等委員を総称して監査役等という。監査役等は会社法等の諸法令にしたがって会社の監査を行う。監査役の仕事を補助する者を会社法施行規則では「監査役等の職務を補助する使用人」と呼んでいるが，本書では監査役等スタッフと呼ぶことにする。また，会社法では複数の監査役からなる監査役会を規定している。本書では，監査役および監査役会を含めて監査役（会）と表記することにする。また，１人ひとりの監査役が監査を行い，監査役会が設置されていても各監査役が監査報告書を作成する独任制の監査役監査と異なり，組織監査を標榜する監査委員会，監査等監査委員の監査の場合には内部監査部門に監査を依存する程度が大きくなる。特に，常勤の監査委員，監査等委員がいない場合には内部監査部門への監査の依存度はさらに大きくなる。

　このように個別のキーワードを解釈した結果を踏まえて，本書の文脈の中で会計監査の定義を要約すると次のようになる。

　「会計監査とは，経営者が経済主体である会社の事業を執り行う結果として，経営者が主張する財務報告等が，客観的で世の中に一般的に受け入れられている基準と，どの程度合致しているかということを，独立した第三者が客観的に証拠を収集することにより評価し，その結果を，株主をはじめとする利

害関係者に報告する，体系的で継続的な一連の行為である。」

　この定義を，旧商法から会社法に引き継がれている日本企業の監査という業務についての観点から，もう少し簡単に言い換えると，監査とは，「取締役が，善良な管理者としての注意義務を守って，かつ会社に対して忠実にその職務を執り行っているかどうかを監視するために，業務を監視（業務監査）し，会計報告の適正性についての検証（会計監査）をすること」といえる。

　ここで，「業務監査」という2つ目の言葉が出てきた。業務監査とは，取締役（会）の職務の執行および会社の業務において法令・会社の定款等に対する重大な違反（コンプライアンス違反）がないかどうか，取締役（会）の意思決定に至る過程で事業のリスクについて，取締役（会）は十分な注意を払い，十分に審議し，合理的な判断を行っているか，内部統制システムの取締役会決議は妥当であるか（大会社の場合）等について業務を継続的に監視することを意味する（業務監査の詳細については，「6．業務監査」（102ページ）を参照のこと）。

　一方，会計監査は，主として会社の業務を行った結果を取締役（会）が経済的な数値で説明する計算関係書類等において，業務の結果である会社の財産・損益の状況等が，すべての重要な点において適正にかつ正確に表示されているかどうかという点について事後的に検証することを意味する。しかし，すでに述べてきたように，会計監査の定義をかみくだいて考えていくと，自ずと業務監査という観点が出てくるということからもわかるとおり，監査役等は，この2つの監査を独立して行うのではなく，相互に関連づけて行う必要がある。具体的にどのように関連づけるのかという方法については，「第2編」で詳しく説明する。

2．監査役等の役割

　監査役等は，株主の負託を受けた独立の機関として，すでに述べた業務監査と会計監査を行うことによって，会社が社会の信頼に応えながら，健全にかつ持続的に成長していくためのコーポレートガバナンスを実効的に機能さ

せる中心的役割を担っている。この監査役等の役割において，現在の会社法は，社外監査役等について特別の区別は設けていない。したがって，社内監査役等も社外監査役等も同等の役割，権限，義務および責任をもっている。ただし，公開会社においては，会社に不正な業務の執行があった場合には，社外監査役等がその発生の予防のために行った行為およびその発生後の対応として行った行為などについて情報開示をすることが義務づけられている[2]。

　会社法には，社外監査役の役割についての特別の規定はないが，1993（平成5）年に旧商法の改正によりコーポレートガバナンスを強化するための社外監査役制度が導入され，2001（平成13）年には大会社の監査役会は監査役を3人以上，そのうち社外監査役を半数以上とするとされてきたように，社外監査役はコーポレートガバナンスを実効的に機能させる上で特別の役割が期待されている。それは，社外監査役は，社外という立場から会社内部のしがらみから独立した立場で取締役の職務の執行を監視し，より中立で客観的な立場から発言することが期待されているということである[3]。この監査役の役割は取締役監査委員，取締役監査等委員にも期待されている。

❗もう少し説明④　適法性監査と妥当性監査

　監査役の役割に関しては，もう1つ重要な論点がある。監査役の役割には，取締役の職務執行における法令および定款に対する適法性の監視に限定されるべきだとする適法性監査と，取締役の職務の執行が会社の目的に対して妥当なものであるかという視点を含んだ監査を行うべきとする妥当性監査という2つの考え方がある。この論点については，さまざまな見解があるので，ここではこの論点の紹介だけにとどめておく。ただし，実際に，監査役に就任し，監査業務の現場でこのような論点に直面することがあると思うので，この点については，「第2編　実践編」でも取り上げたいと思う。

■図表4−1　監査役の主要な業務と権限のマップ

		関係する機関			
		会社・子会社	株主総会	取締役(会)	監査役(会)	会計監査人
監査役の義務・権限	監督・監査			監査（381），出席（383）		
	意見陳述説明		監査役任免に関する意見陳述（345）監査役の辞任に関する意見陳述（345）監査役の報酬に関する意見陳述（387）説明義務（314）	意見表明（383）	監査役任免に関する意見陳述（345）監査役の辞任に関する意見陳述（345）	
	情報収集調査	業務・財産の調査（381）	株主総会提出議案・関係書類の調査（384）	出席（383）		
	報告		報告義務（384）監査報告（381）	取締役（会）から報告を受ける権限（357）取締役の不正行為の報告義務（382）	監査報告作成（381,390）	
	請求	事業報告の請求（381）監査費用の請求（388）	監査役選任議題・議案提出の請求（343）	事業報告の請求（381）違法行為差止請求（385）取締役会招集請求（383）監査役選任議題・議案提出の請求（343）	監査役選任議題・議案提出の請求（343）	監査報告請求（397）選任議案の提出請求（344）監査役への報告請求（397）
	選任・解職		会計監査人選任，解任，不再任に関する議案の内容の決定（344）		一時会計監査人の選任（346）常勤監査役の選定・解職（390）	会計監査人選任，解任，不再任に関する議案の内容の決定（344）
	招集			取締役会の招集（383）	監査役会の招集（391）	
	同意		会計監査人の報酬に対する同意（399）監査役選任議案同意（343）	会計監査人の報酬に対する同意（399）監査役選任議案同意（343）会社が取締役補助のための訴訟参加同意（849）責任追及等の訴えに係る訴訟上の和解への同意（849の2）	監査役選任議案同意（343）	報酬に対する同意（399）
	代表			取締役と会社の係争における代表権（386）取締役に対する訴訟における代表権（386）	会社の代表権（386）	

（番号）は会社法条文

３．監査役等の義務と権限

　それでは，すでに述べたような監査役等の役割を果たすために監査役等に
はどのような権限が与えられ，どのような義務を果たさなければならないの
であろうか。この監査役等の義務と権限については，非常勤の社外監査役等
にも社内監査役等にも同等の権限が与えられているので，特に区別して説明
することはしない。

　監査役等の義務と権限については，さまざまなものがあり，また会社のさ
まざまな機関に関係する。監査役の主要な義務と権限および関係する機関に
ついてマッピングしたものが図表４－１である。本書を読みながら適宜参考
にしていただきたい。取締役監査委員，取締役監査等委員については監査役
独自の独任制の機能を除いてはここにある監査役の義務・権限とほぼ同様で
ある。

（１）善管注意義務

　最も重要な義務が善管注意義務である。これは「善良なる管理者の注意義
務」を意味するが，なかなか理解しづらい概念である。監査役等の重要な職
務は，取締役が善管注意義務および忠実義務を果たしているかどうかを監視
することである。この監査役等の職務も，善管注意義務を守って行う必要が
ある。したがって，これから述べる監査役等の義務と権限をもって行う職務
全般にわたって守らなければならない基本的な義務である（図表２－２参照）。
この善管注意義務は，民法上の概念で，その人の職業や社会的地位を考慮し
て客観的に要求される程度の注意義務を意味する。法律的には民法第643条
の委任に関する規定および民法第644条[4]の受任者の注意義務に関する規定
によってこの善管注意義務が規定されている。

　会社法では，取締役や監査役等の職務は，株式会社の委任という形で執り
行われることになっており[5]，民法上この委任に対する義務として取締役も
監査役も善管注意義務を負っていることになる。具体的にどのような行為を
もって善管注意義務を果たしていないといえるかというと，なかなかイメー

■図表4－2　善管注意義務と監査役等

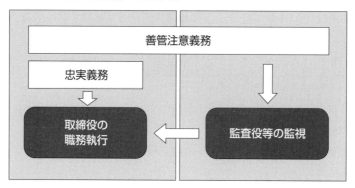

ジが浮かばないと思うが，監査役等の場合，取締役会への継続的な欠席，取締役の違法行為を見逃すなど，以下で説明する監査役等の義務を怠ることは明白に善管注意義務を果たしていないことになる（図表4－2）。

この善管注意義務違反については，株主代表訴訟の判例などで次第に具体的な事例があげられるようになってきている。これについては，「4．監査役等の責任」（81ページ）において例をあげて説明する。

ここで，取締役のもう1つの義務として忠実義務があることを知っておく必要がある（会社法第355条）。取締役の忠実義務については，一般的には，「法令及び会社の定款を遵守し，職務の遂行にあたっては会社の利益を第一に優先して職務を行う義務」と考えられる。

法令上に，明白な定めはないが，1970（昭和45）年の八幡製鉄政治献金事件に関する最高裁判決[6]では，忠実義務は善管注意義務の一部であるとされている。職務の執行を行う際に守らなければならない義務と解釈されているので，職務の執行を行わない監査役は，善管注意義務を守ることで十分であるとされている。取締役である監査委員，監査等委員は忠実義務を遵守しなければならない。

しかし，この忠実義務という概念は善管注意義務よりもっと厳しい義務を意味するという説もある。佐藤総合法律事務所の佐藤明夫代表弁護士は，み

ずほ信託銀行発行の「証券代行ニュース」(2015.1) の特集「会社法改正を踏まえた役員の役割等」の中で，この忠実義務について次のように述べている。

「私は『あなたは真面目にやっていると思うし，善管注意義務違反はないと思うが，忠実義務については果たしているとはいえない』といわれかねないのではないかと懸念しています。」「忠実義務というものは，もともとはアメリカの受託者責任という信託財産の管理者責任というところからきています。

信託財産の管理者の責任というのは，真面目にやっているというだけでは駄目なのです。本当に委託者のことを思って，場合によっては，委託者の目先の利益に反するくらいのことをしてでも，その財産を守って委託者のために尽くすということが求められている義務です。これはかなりハイレベルな義務なのです。」

このように考えると，忠実義務は，会社法に規定されているか否かにかかわりなく株主の負託を受けた取締役および監査役に誠心誠意株主のために尽くすという精神をもつことを求めているものと解釈できる。

（2）基本的な義務と権限

監査役等の基本的な義務と権限は，取締役の職務が，すでに述べた善管注意義務および忠実義務をもって執り行われているかという点について監査し，株主をはじめとする利害関係者に報告することである。この重要な義務と権限について会社法は，第381条第1項で，「監査役は，取締役（会計参与設置会社にあっては，取締役及び会計参与）の職務の執行を監査する。この場合において，監査役は，法務省令で定めるところにより，監査報告を作成しなければならない。」と規定している。なお，会計監査人設置会社では，計算書類等の会計監査は会計監査人が行い，監査役等は会計監査人の監査の方法および結果の相当性を判断する。

この義務を果たすために，監査役等は取締役の職務執行を監査し，その一環として取締役が作成した事業報告，計算書類，連結計算書類，臨時計算書類などの監査を行う。

（3）情報収集・調査に関する義務と権限

　上で述べた監査役の基本的な職務を果たすために，会社法では監査役が取締役の職務執行の現場を直接見ることを監査役の義務としている。この目的で，監査役は会社法により次のような権限を与えられている。監査委員，監査等委員も同様の権限を与えられている。

- 取締役会への出席（会社法第383条第1項）

　監査役は，取締役会に出席し，必要があると認めるときは，意見を述べなければならない。実際には，取締役会への出席については監査役が相当の努力をしなければならないケースもある。そのような場合，監査役としては，取締役会への出席を敬遠しがちになることがあるかもしれない。しかし，取締役会への継続的な欠席は，監査役としての善管注意義務に違反することになることに留意する必要がある。また，取締役会に出席できない監査役は事前に取締役会付議資料を閲覧して必要な意見を伝え，やむを得ず取締役会に出席できなかった監査役は，当該取締役会議事録を閲覧し，どのような審議および意思決定がなされたか確認しておく必要がある。

- 会社の事業報告請求権，業務および財産状況の調査権（会社法第381条第2項）

　業務および財産状況の調査は，帳簿等の書類だけでなく，財産の状況等を実査することも含む。

- 子会社の事業報告請求権，業務や財産状況の調査権（会社法第381条第3項）

　内容は会社に対する調査権と同じだが，子会社は正当な理由がある場合には，これを拒否することができるとされている（会社法第381条第4項）。

- 取締役会により作成された株主総会提出議案や関係書類等の調査（会社法第384条）

　株主総会の適法性について事前確認を行うことは，取締役の職務執行

の監査の重要な業務の1つである。

- 会計監査人に対する報告請求権（会社法第397条第2項）

　　監査役等は，会計監査人に対して，その監査に関する報告を求めることができる。

（4）報告と意見表明に関する義務と権限

　監査役等は，コーポレートガバナンスの機能の中で，コミュニケーションを活発にし，積極的に取締役の職務の執行の状況について情報開示を行っていく義務と権限をもつ。それらの義務と権限には，次のようなものがある。

- 意見陳述義務（会社法第383条第1項）

　　監査役は発見した問題について取締役会で意見を表明しなければならない。これは監査役の最も基本的な義務と権限であるが，実際の現場では監査役の最も難しい業務の1つである。

- 取締役から報告を受ける権限（会社法第357条）

　　監査役は，取締役が，株式会社に著しい損害を及ぼすおそれのある事実があることを発見したときは，直ちに，当該事実に関する報告を取締役から受ける権限がある。同時に，取締役は，当該事実に関して監査役等に報告する義務がある。

- 取締役の不適正な行為の報告（会社法第382条）

　　取締役が法令や定款に違反するような不適正な行為をしていることを発見した場合，監査役は取締役会へ報告する義務がある。

- 監査報告の作成（会社法第381条）

　　監査役の監査業務の集大成が監査報告である。具体的には117ページを参照していただきたい。

- 株主総会での説明義務と報告（会社法第314条，第384条）

　　監査役は，株主総会において，株主から特定の事項について説明を求められた場合には，当該事項について必要な説明をしなければならない（会社法第314条）。また，監査役は，取締役が株主総会に提出しようと

する議案，書類その他法務省令で定めるものを調査しなければならない。この場合，法令もしくは定款に違反し，または著しく不当な事項があると認めるときは，監査役は，その調査の結果を株主総会に報告しなければならない（会社法第384条）。

　また，取締役監査等委員は株主総会において取締役の指名，報酬について意見を陳述することができる。

（5）取締役の監督および是正措置に関する義務と権限

　監査役等は，取締役の職務の執行を監視している過程で，取締役が法令や会社の定款に違反するような不正な行為を発見した場合，それを是正する義務と権限をもつ。それらには，次のようなものがある[7]。

- 取締役会の招集請求権および招集権（会社法第383条第2項，第383条第3項）

　　取締役が法令や定款に違反するような不適正な行為をしていることを発見した場合，必要であれば，取締役会の招集を請求することもできる（会社法第383条第2項）。そして，取締役会が取締役によって招集されなかった場合には，監査役が取締役会を招集できる（会社法第383条第3項）。

- 取締役の違法行為差止請求権（会社法第385条第1項）

　　取締役が会社の目的の範囲外の行為，その他の法令もしくは定款に違反する行為をし，またはこれらの行為をするおそれがある場合において会社に著しい損害が生じるおそれがあるときは，監査役はその行為を止めさせるための差止請求権を発動することができる。

　　そのほか，取締役の職務に関して重大な問題があるときも必要な是正措置を講じる義務と権限をもつ。

- 各種の訴えを提起する権利および手続申立権（会社法第511条第1項，第522条第1項，第828条，第831条）

　　監査役は，特別清算[8]開始の申立て（会社法第510条，第511条第1

項），特別清算における調査命令権（会社法第522条第1項），会社の組織に関する行為の無効の訴え（会社法第828条），株主総会等の決議の取消しの訴え（会社法第831条）といった事柄に関して義務と権限をもつ。

（6）会計監査人に関する権限と義務

　監査役等は，会計監査に重要な役割をもつ会計監査人の業務の実効性を確保するために，さまざまな権限をもっている。その中には，会計監査人の選任，解任，不再任など，会計監査人の地位に関する強力な権限をもっている。これらの権限は，会計監査人が会社から独立して適正な監査を行うことを担保するためである。そのためには，監査役等は会計監査人の監査について十分に監視することが求められている（「5．②会計監査人と監査役等」125ページ参照）。

　この点における監査役等の会計監査人に関する権限は，会社法においては，旧会社法の会計監査人選任議案に対する同意権，会計監査人の解任に関する議案の同意権，会計監査人の不再任に関する議案の同意権等の同意権から，会計監査人の選任，解任，不再任に関する株主総会の議案の内容の決定権を監査役等がもつことになり，監査役の権限がさらに強められた（会社法第344条）。

　会計監査人に関する監査役等のその他の権限には次のようなものがある。

- 一時会計監査人の選任（会社法第346条第4項，第6項）

　　何らかの事由により会計監査人が欠けた場合，または定款で定めた会計監査人の員数が欠けた場合に，遅滞なく会計監査人が選任されない状況においては，監査役等は，一時会計監査人の職務を行うべき者を選任しなければならない。

- 会計監査人の報酬に対する同意権（会社法第399条第1項，第2項）

　　取締役は，会計監査人または一時会計監査人の職務を行うべき者の報酬等を定める場合には，監査役（監査役が2人以上ある場合にあっては，その過半数）または監査役会の同意を得なければならない。

！ もう少し説明⑤ 一時会計監査人

会計監査人が欠けたとき，あるいは定款で定めた会計監査人の員数が欠けた場合には，本来株主総会の決議により新しい会計監査人を選任すべきであるが，この手続きが遅滞なく行われない場合，監査役（会）は，臨時の会計監査人を選任する義務と権利がある。この臨時の会計監査人を一時会計監査人と呼ぶ。一時会計監査人の資格については，会計監査人の資格に関する会社法第337条が準用される。したがって，一時会計監査人は公認会計士または監査法人でなければならない。

また，監査役（会）が一時会計監査人の選任を怠った場合には，百万円以下の過料が課せられる（会社法第976条第22号）。

（7）監査役等の地位に関する権限

監査役は，監査役自身に関するさまざまな決定事項に対して権限と義務をもつ。その中には，次のようなものがある（監査委員および監査等委員との違いについてここに特に記載していない項目については，監査役についてのここでの記載に準じる）。

- 監査役の任免に関する意見陳述権（会社法第345条第1項，第4項）

  監査役は，株主総会において，監査役の選任もしくは解任または辞任について意見を述べることができる。
- 監査役の辞任に関する意見陳述権（会社法第345条第2項，第4項）

  監査役を辞任した者は，辞任後最初に招集される株主総会に出席して，辞任した旨およびその理由を述べることができる。
- 監査役選任議案に対する同意権（会社法第343条第1項，第3項）

  取締役が，監査役の選任に関する議案を株主総会に提案する場合には，監査役（2人以上の場合にはその過半数）または監査役会の同意を得なければならない。

- 監査役選任議題・議案提出の請求権（会社法第343条第2項，第3項）

　　監査役（会）は，取締役に対し，監査役の選任を株主総会の目的とすることまたは監査役の選任に関する議案を株主総会に提出することを請求することができる。

- 各監査役の報酬の協議権（会社法第387条第2項）

　　監査役の報酬等は，定款にその額を定めていないときは，株主総会の決議によって定められる。個別の監査役の報酬等について定款の定めまたは株主総会の決議がない場合は，監査役が2人以上ある場合において，この個別の監査役の報酬等は，株主総会で決議された報酬等の範囲内で，監査役間の協議によって定めることができる。

- 報酬等に関する意見陳述権（会社法第387条第3項）

　　各監査役は，株主総会において，監査役の報酬等について意見を述べることができる。

- 監査費用請求権（会社法第388条）

　　監査役は，その職務の執行について発生した費用を会社に対して請求できる。会社が，当該請求に係る費用または債務が当該監査役の職務の執行に必要でないことを証明した場合を除いて，会社はこの費用の請求を拒むことはできない。このような請求には，費用の前払，支出した費用および支出の日以後におけるその利息の償還，負担した債務の債権者に対する弁済（当該債務が弁済期にない場合にあっては，相当の担保の提供）等が含まれる。

- 監査役会の招集権（会社法第391条）

　　監査役会設置会社では，各監査役が監査役会を招集することができる。

　特に，監査役会に関する義務と権限については，次のようなものがある。

- 監査役会の決議（会社法第393条第1項）

　　監査役会の決議は，監査役の過半数の賛成を必要とする。

- 監査報告の作成（会社法第390条第2項第1号）

監査役会は監査報告を作成しなければならない。監査役会の監査報告は，各監査役の監査報告に基づいて全監査役が議論する監査役会を最低1回は開催することによって作成される。

- **常勤監査役の選定および解職**（会社法第390条第2項第2号，第3項）

監査役会は監査役の中から常勤監査役を選定しなければならない。また，常勤監査役を解職する権限をもつ。

指名委員会等設置会社または監査等委員会設置会社においては，それぞれ常勤の監査委員，監査等委員を選定することを会社法は求めていない。

- **監査役会の監査役の職務の執行に関する事項の決定権**（会社法第390条第2項第3号）

監査役会は，監査の方針，会社の業務・財産状況の調査方法，その他監査役の職務の執行に関する事項を決定することができる。ただし，監査役の独任制（81ページ参照）により，この決定は，個々の監査役の独自の監査権限の行使を妨げることはできない。

指名委員会等設置会社または監査等委員会設置会社においては，それぞれの委員会が選定する監査委員または監査等委員が監査を行う（会社法第405条第1項，会社法第399条三第1項）。また，報告の徴収または調査に関する事項についてそれぞれの委員会の決議があるときは，これに従わなければならない（会社法第405条第4項，会社法第399条三第4項）。

- **監査役に対する報告請求**（会社法第390条第4項）

各監査役は，監査役会から要求のあった場合には，監査役会に対して報告しなければならない。

- **監査役会の議事録の作成と備置**（会社法第393条第2項，第3項，第394条第1項）

監査役会は議事録を作成し，監査役会の日から10年間，その議事録を本店に備え置かなければならない。

（8）訴訟に関する義務と権限

　会社と取締役との間での係争において，監査役等は特定の義務と権限をもっている。

- 取締役と会社との間の訴訟に関して会社を代表する権限（会社法第386条，第408条，第399条の七）

　　取締役と会社の間で訴訟が起きた場合，その係争において会社を代表する権限を監査役等はもっている[9]。

- 株主代表訴訟等，取締役に対する提訴請求において会社を代表する権限および提訴の当否の判断権限（会社法第386条第2項，第408条第5項，第399条の七第5項，第847条第3項，第4項）

　　監査役等が，取締役に対する提訴請求を受けたときは，60日以内に会社による当該取締役に対する提訴の当否について判断する必要がある。監査役会設置会社においては，監査役会の決議で提訴の当否を決める。指名委員会等設置会社または監査等委員会設置会社においては，それぞれ監査委員会，監査等委員会の決議で提訴の当否を決める。この判断にあたっては，監査役等は当該取締役の雇用する弁護士以外の弁護士の意見を求めるなど慎重な検討をする必要がある。

　　また，監査役等が提訴をしない旨の判断をした場合で，提訴請求者から提訴をしない理由を求められた場合には，遅滞なくその理由を提訴請求者に通知しなければならない。

- 訴訟告知または和解通知・和解に対する異議申し立ての催告において会社を代表する権限（会社法第386条第2項，第408条第5項，第399条の七第5項）

　　株主による訴訟告知や和解通知・和解に対する異議申し立ての催告においては，監査役等が会社を代表して受け取る。

- 会社が取締役を補助するための訴訟に参加することへの同意権（会社法第849条第3項）

　　監査役設置会社である株式会社が，取締役，執行役および清算人なら

びにこれらの者であった者を補助するため，責任追及等の訴えに係る訴
訟に参加するに際しては，監査役設置会社の各監査役の同意を得ること
が必要である。指名委員会等設置会社，監査等委員会設置会社もこれに
準じる。

- 責任追及等の訴えに係る訴訟上の和解に関して監査役の同意を得ること
  （会社法第849条の2）

（9）監査環境の整備に関する義務

　監査および調査をするにあたっては情報収集が重要であるが，そのための
社内の監査環境をつくっていく義務も監査役等は負っている。この監査環境
には，次のようなものが含まれる。これらの点は，会社法で定められた「取
締役の職務の執行が法令及び定款に適合することを確保するための体制その
他株式会社の業務並びに当該株式会社及びその子会社から成る企業集団の業
務の適正を確保するために必要なものとして法務省令で定める体制の整備」（つ
まり内部統制システム，会社法第362条4項6号他）の中の1つとして，会
社法施行規則第100条第3項で規定されている（図表4-3参照）。なお，会

■図表4-3　監査役の監査が実効的に行われることを確保するための体制
　　　　　（会社法施行規則第100条第3項）

内部統制システムの一環として次の事項を定めることが規定されている
1．監査役の職務を補助すべき使用人に関する事項

内部統制システムの一環として次の事項を定めることが規定されている
1．監査役の職務を補助すべき使用人に関する事項
2．監査役の職務を補助すべき使用人の取締役からの独立性
3．監査役の職務を補助すべき使用人に対する監査役の指示の実効性の確保に
　関する事項
4．当社の取締役，使用人等の監査役に対する報告の体制
5．子会社の取締役，監査役，執行役，使用人等の監査役に対する報告の体制
6．監査役に報告をした者が報告をしたことを理由として不利な取り扱いを受
　けないことを確保するための体制
7．監査役の職務執行について生ずる費用の処理についての方針
8．その他，監査役の監査が実効的に行われることを確保するための体制

社法施行規則では，ここでいう監査役等スタッフのことを，「監査役等の職務を補助すべき使用人」と呼んでいる。

体制整備の実務上のポイントは次のとおりである。

- 必要な場合に監査役等スタッフを配置すること

  監査役等だけで十分な監査業務を行うことが難しい場合，監査役等を補助するための監査役等スタッフを配置することも監査環境整備の1つである。

- その監査役等スタッフが社内の人事権から独立していること

  取締役（会）に都合のいい人事が行われないよう，監査役等スタッフが取締役（会）等の人事権から独立していることが必要である。

- また，会社および子会社の取締役および監査役等とも日常的な意思疎通を図り，重要な情報を収集するための体制を整えること

  この点については，非常勤である社外監査役等は，日常的な活動が難しいと思われるが，常勤監査役等の協力も得てできるだけ会社・子会社の取締役や事業部門長などと意思疎通を図ることが重要である。

(10) 監査役の独任制

複数の監査役がいる場合，個々の監査役は他の監査役と独立して独自に監査権限を行使することができる体制になっている。この権限は，監査役会を設置している場合でも監査役会の決議によって個々の監査役の監査行為が制約されることはない[10]。これを監査役の独任制と呼んでおり監査役設置会社の監査の在り方を特徴づけている。

なお，取締役監査委員，監査等委員には独任制は適用されず合議制となる。つまり，監査等委員または監査委員による報告および調査については，監査等委員会，監査委員会の決議のあるときは，これに従わなければならない[11]。

4．監査役等の責任

初めて監査役等への就任を要請されたとき，最も気になることがらの1つ

が，監査役等としての責務が果たせなかった場合とはどのようなことを指すのか，またその責任の重さとはどのようなものか，ということではないかと思う。

ここでは，すでに述べたような監査役としての権限と義務をもちながらも，監査役等としての役割を果たせなかった場合とは，どのような場合なのか，またその結果どのような責任をとらねばならないのかという点について説明する。

監査役等の責任には大きく分けると民事責任（損害賠償を負う責任），刑事責任（刑事罰を負う責任）および行政に対する責任（行政罰を負う責任）の3つがある（図表4－4）。それぞれについて説明する。

【民事責任（損害賠償を負う責任）】

民事責任は，会社に対して責任を負う場合と第三者に対して責任を負う場合がある。

まず，会社に対して責任を負うのは，すでに説明した監査役等の基本的な

■図表4－4　監査役等の権限，義務および責任

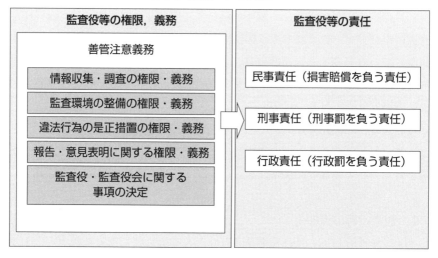

義務である善管注意義務を果たせなかった場合，つまり，監査役等として行うべき監査業務を怠った（任務懈怠）場合である。会社法の定めでは，この会社に対する責任は，株主全員（総株主）の同意がなければ免除できないことになっている[12]。

　次に，第三者に対する損害賠償の責任を負う場合としては，「悪意又は重大な過失があったとき」や，会社として第三者に報告または通知などを行うための重要な書類などに「虚偽の記載をしたとき」があげられる。ただし，「その者が当該行為をすることについて注意を怠らなかったことを証明したときは，この限りでない。」という免責の規定がある[13]。

　この第三者に対する損害賠償責任の1つに株主代表訴訟がある。この株主代表訴訟の代表的な例をあげると，大和銀行の巨額損失事件に関して争われた大和銀行株主代表訴訟がある。この事件は巨額損失そのものに対する責任を問う訴訟（甲事件）と損失を米国政府に隠蔽したことによって課せられた巨額の罰金に対する責任を問うもの（乙事件）との2つに分けられるが，甲事件では，31人の取締役および9人の監査役が訴えられた。平成12年9月に大阪地方裁判所が下した判決では，取締役の責任を問うた上で[14]，監査役は，取締役がリスク管理体制の整備を行っているか否かを監査すべき義務を負い，これも善管注意義務の内容をなすものとした。そして，その当時ニューヨーク支店の往査を行った監査役が「任務懈怠の責がある。」とされた（ただし，この監査役については，損害の立証がないとして損害賠償金の請求は却下されている）。

　また，金融商品取引法では，有価証券報告書が正確である旨の確認書，半期報告書，内部統制報告書等，金融証券取引法第25条第1項各号（5号と9号を除く）が指定する書類について虚偽の記載がある場合，または記載すべき重要な事項もしくは誤解を生じさせないために必要な事実の記載が欠けている場合は，提出者（監査役を含む提出時の役員）は，有価証券を取得し損失を蒙ったものに対し一定の限度において損害賠償責任を負うことを規定している（金融商品取引法第21条の2第1項）。ただし，当該会社の有価証券

を取得した者がその取得の際に虚偽記載等を知っていたときは，損害賠償責任は負わない。したがって，金融商品取引法に対する責任を全うするためには，社外監査役等を含む監査役等は，有価証券報告書・半期報告書等の内容の正確性や財務報告内部統制の有効性などについて，監視するとともに，その監視の証跡を残しておくことが重要である。

【刑事責任（刑事罰を負う責任）】

この責任については，議論の余地はない。会社法では第960条から第975条において，特別背任，その未遂罪，会社財産を危うくする罪，虚偽文書行使等の罪，預合いの罪，増収賄罪，株主等の権利の行使に関する利益供与の罪などがあげられている。

【行政に対する責任（行政罰を負う責任）】

行政罰としては過料に処すべき行為が会社法第976条に規定されている。この過料については，「百万円以下」と規定されている。この行為については注で条文を記すには分量が多すぎるため，直接会社法第976条を参照していただきたい。監査役等に関する主なものをあげると，次のような行為がある。

- ・監査報告への虚偽の記載
- ・監査役会で常勤監査役を選任しないとき（指名委員会設置会社，監査等委員会設置会社は該当しない）
- ・監査役会，監査委員会または監査等委員会の議事録の不備
- ・株主総会で株主等の求めた事項について説明を怠ったとき
- ・株主総会等に対して虚偽の陳述や事実の隠蔽をしたとき
- ・一時会計監査人の選定を怠ったとき（「もう少し説明⑤」（75ページ）を参照）など

② 監査役等監査の概要

1．監査業務の種類とその相互関連

　監査業務と監査役の役割および関わり方について考える前に，監査にはどのようなものがあるかを見てみよう。本書では，会社の監査について論じているので，ここではそれ以外の監査については触れない[15]。

　それでは，会社に対する監査はどのように分類されるのであろうか。大きく分けて外部の第三者による監査（外部監査）と会社内部で行われる監査役等監査と内部監査がある。これらの監査は相互に連結して情報を共有しながら行われることが重要である。特に時間の制約のある社外取締役・社外監査役はこれらの情報を十分に活用すべきである。以下それぞれの監査について説明する。

2．外部監査

　会社外部の第三者による監査を外部監査と呼ぶ。この外部監査には，公認会計士監査とそれ以外の政府機関や自主規制機関，業界団体などによる監査がある。また，税務を適正に行い正しく税金を納めているかどうかを調べる税務調査も広い意味での外部監査といえるであろう。

　それぞれの外部監査の結果について，重要な問題点が指摘されていないかどうかをチェックしておくことも，監査役の仕事の1つである。

（1）公認会計士による法定監査と任意監査

　公認会計士あるいは公認会計士の集まりである監査法人によって行われる監査を総称して公認会計士監査と呼ぶ。この公認会計士監査には法定監査と任意監査がある。

　法定監査とは法令によって定められた監査である。代表的なものには，会社法によって行われる監査と金融商品取引法によって行われる監査がある。

この法定監査はあらかじめスケジュールが定められた定期的な監査である。この公認会計士よる法定監査については，「7．会計監査」（110ページ）で詳しく説明する。

　任意監査とは銀行借入時に銀行から要求される監査証明のための監査，あるいは企業買収時に行われるデューディリジェンスなど必要に応じて行う任意の監査である。したがって，これらの監査は，不定期な監査である。

（2）政府機関，自主規制機関および業界団体等による監査

　その会社が属する業界によっては，政府機関や自主規制機関などの監査がある。これも外部監査の1つである。

　例えば，証券会社は日本証券業協会，証券等取引監視委員会などの監査・検査を受ける。また，銀行は金融庁や日本銀行の考査を受ける（金融庁が銀行や証券会社に対して行う監査は，検査と呼ばれる）。

　これらの監査は，基本的に法令または規則による業務監査であり，法定監査に分類できる。これらの監査の特徴は，日常の業務の実態をありのまま調べることを目的としているため，監査対象となる会社が準備をすることができないように，会社にとって不意に実施されることがある。

　また，特定非営利活動法人である個人情報保護監査・苦情対応センターによるプライバシーマーク取得のための監査もこのような外部団体による監査の1つである。これは，会社の要望によって行われるので任意監査に属する。

（3）税務調査

　徴税目的のために，税務を適正に行い正しく税金を納めているかどうかを調べる国税庁や税務署が行う不定期の調査である。必ずしもすべての会社が対象となるわけではない。

3．内部監査

　内部監査部門は，通常，最高経営者に直属し，職務上取締役会から指示を

受けて内部監査人によって行われる監査である。2014（平成26）年の日本内部監査協会の内部監査基準の改定では，内部監査部門は取締役会に報告することに加えて，監査役(会)，または監査委員会への報告経路を確保しなければならないことを明記している。この点について現在は，監査等委員会設置会社の場合は監査等委員会と解釈される。

この内部監査基準は内部監査を「内部監査とは，組織体の経営目標の効果的な達成に役立つことを目的として，合法性と合理性の観点から公正かつ独立の立場で，ガバナンス・プロセス，リスク・マネジメントおよびコントロールに関連する経営諸活動の遂行状況を，内部監査人としての規律遵守の態度をもって評価し，これに基づいて客観的意見を述べ，助言・勧告を行うアシュアランス業務，および特定の経営諸活動の支援を行うアドバイザリー業務である」と定義している。これは会社が自社の業務の効率性や適正性を監査するために行う任意監査である。内部監査基準は，内部監査の対象範囲を「組織体およびその集団に係るガバナンス・プロセス，リスク・マネジメントおよびコントロールに関連するすべての経営諸活動」としている。この内部監査には，個々の業務プロセスを監査する業務監査に加えて，どの業務にも共通する機能面を監査する監査がある。それらの例をあげると，法務監査，IT監査あるいはシステム監査などがある。

（1）法務監査

会社の法律行為には，契約に基づいて行う行為と法令・規則に基づいて行う行為がある。ここで行う法務監査の対象はこの2つの側面から行う。契約に基づいて行う行為に関する監査をここでは法務事務監査と呼ぶことにする。

法令・規則に基づいて行う行為は，法令・規則に対する違反行為に繋がる可能性がある。これが，いわゆるコンプライアンスリスクと呼ばれるものである。ここでは，この側面からの監査をコンプライアンス監査と呼ぶことにする。

【法務事務監査】

　この監査は，いわゆる契約関係に関する監査が中心になる。契約関係の監査も，その契約内容が法令あるいは会社の定款に違反していないかという観点では次に述べるコンプライアンス監査の一部になるが，ここでは，契約内容が著しく不利な内容になっていないか，相手に意図的に利益供与を行っていないかなど経済的側面から行う監査である。

　この監査は通常は内部監査部門の専門家の仕事になるが，監査役としても重要な業務プロセスにおける潜在リスクをおさえながら，大きな取引に係る契約，主要な業務の外部委託に係る契約などに問題がないか，内部監査部門からの情報で確認しておくことになる。

　また，M&Aの過程においても対象となる会社の法務デューディリジェンスを行う。これも法務監査の一種であるが，監査役としてはその結果の報告を得ておくことは会社の業務監査の一環として必要なことである。

　さらに，会計監査では見つけられない簿外債務があるかどうかということも契約関係の書類を検証する上で重要な視点である。監査役として，この点についても，内部監査人からの情報を確認しておかなければならない。

【コンプライアンス監査】

　主として，従業員の行為が法令や会社の定款および諸規程に違反していないかどうかを監査することが，内部監査におけるコンプライアンス監査である。

　一方で，監査役等監査におけるコンプライアンス監査は，従業員の違法行為の監視に加えて，取締役の行為が法令や会社の定款および諸規程に違反していないかどうかということに主眼をおく。監査役の関係するコンプライアンス監査については，「6．業務監査」（102ページ）および第6章「3　企業不祥事への対応」（229ページ）で説明する。

　従業員のコンプライアンス違反は，取締役の不適切な管理が原因であるから，取締役の善管注意義務の懈怠につながるおそれがある。監査役としては，この視点をもって，内部監査人の内部監査業務を通じて，問題の発見を効果

的に行わなければならない。

（2）IT監査

　IT監査あるいはシステム監査も，内部監査部門の専門家の仕事になる。また，IT業務は，金融商品取引法の「財務報告に係る内部統制」の評価の中で，IT内部統制としても評価しなければならない分野である。監査役としても，どのような点を検証すればいいのかという要点だけは理解しておくべきである。この点については194ページで詳しく説明する。

● もう少し説明⑥　EUC（End User Computing）

　EUCとは，企業などで情報システムを利用して現場で業務を行う従業員や部門（エンドユーザ，ユーザ部門）が，自らシステムやソフトウェアの開発・構築や運用・管理に携わることを意味する。会社のシステムから独立して使われるパソコンの中の計算機能，例えばExcelのスプレッド・シートなどでも，複雑なプログラムが作成され使用されるケースは珍しくない。このようなスプレッド・シートからのアウトプットが会社の会計システムにインプットされる場合や経営会議などの重要な会議で使われる場合には，そのプログラムにミスがあると，計算関係書類への虚偽記載や重要な意思決定を誤ったデータに基づいて行うという，重要なリスクが潜在する。このため，独立して使用されるパソコンについても，適正な管理を行わなければならない。監査役としてもEUCの適正な管理にも目を光らせておく必要がある。

（3）監査役等の監査

　監査役等によって行われるこの監査役等の監査がこの章の主題である。この監査役等の監査は業務監査と会計監査がある。それぞれの監査業務の詳細については次に解説する。

4．監査業務のサイクル

　監査業務のサイクルについては，一事業年度を１つのサイクルとする考え方と，監査役等が選任される定時株主総会から翌年度の定時株主総会までを１つのサイクルとする考え方とがある。ここでは，後者の定時株主総会を起点としたサイクルを前提に説明する。

　３月末決算の会社の例をとると，１サイクルの監査業務の大きな流れは次のようになる。具体的なイメージについては図表４－５を参照していただきたい。

　①定時株主総会後の監査業務
　②監査体制の構築
　③監査計画の作成
　④期中監査
　⑤期末監査
　⑥定時株主総会準備
　⑦定時株主総会

■図表４－５　監査のサイクル－３月末決算の会社の例

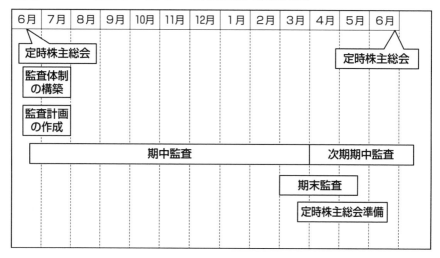

以下，それぞれの業務について，概略を見ていく。

（1）定時株主総会後の監査業務

監査役等は，定時株主総会終了後，いろいろな確認を行う必要がある。それらは次のようなものである。

①定時株主総会議事録の記載内容の確認

（会社法第318条　第1項，会社法施行規則第72条）

会社法第318条第1項は，株主総会の議事録の作成を義務づけている。定時株主総会の議事に関する必要な事項と内容が正確に，もれなく記載されているかどうかを確認する。定時株主総会の議事録の具体的な記載項目は，会社法施行規則第72条に規定されているが，主なものをあげると次のようなものがある。

・事務的な記録

　◇開催日時，場所

　◇取締役，会計参与，執行役，監査役，会計監査人または株主が定時株主総会の開催場所以外から参加した場合は，その方法を記す必要がある（例えばテレビ会議など）

　◇会社からの出席者の役職名と名前

　◇議長の役職名（通常は取締役社長）と名前

　◇議事録を作成した取締役の名前と署名

・議事の内容

　◇議事運営の経過の要領および決議結果

　◇表明された意見または発言がある場合には，発言者とその意見または発言の内容の概要（株主の質問と会社の説明を含む）

②定時株主総会において決定された事項が，適正に処理されているかどうかを確認する。それらの例としては次のようなものがある。

・株主に対する決議事項の通知

・定款の変更を決議した場合，変更後の定款の作成　など

③定時株主総会において決議された事項について登記をする必要のある事項について，実際に登記されたかどうかを確認する。

④法令によって整備し備え置かなければならない書類が，適正につくられ備え置かれているかどうかを確認する。このような書類には，定時株主総会議事録や株主名簿などがある。

⑤定時株主総会において決議された事項について，官報等に公告するべきものがあれば，それがなされているかどうかを確認する。

⑥その他会社法関連以外の主要事項の確認

　会社法関連以外で確認すべき確認事項の代表的な例としては，次のようなものがある。

・上場会社の場合は，有価証券報告書および内部統制報告書[16]の内閣総理大臣への提出

・上場会社の場合は，証券取引所が要求する書類等の提出（東京証券取引所に対するコーポレートガバナンスに関する報告書の提出など）

・法人税等確定申告書の提出

（2）監査体制の構築

　定時株主総会直後，監査役会設置会社において監査役の入れ替わりがある場合は，定時株主総会直後の最初の監査役会で次のような事項を決議し，新しい監査体制をつくる必要がある。その結果を取締役会または代表取締役に報告する（指名委員会等設置会社，監査等委員会設置会社についてもこれに準じる）。

・監査役会議長の選出

　　これについては法令の定めはないが，日本監査役協会の監査役監査基準では，議長を定めることを規定している[17]。議長の選出は，監査役会の運営をより効率的にするためのものであり，議長としての議事運営や職務の執行が他の監査役の権限の行使を妨げることにならないよう注意

する必要がある（指名委員会等設置会社，監査等委員会設置会社についてもこれに準じる）。

・常勤監査役の選定（指名委員会等設置会社，監査等委員会設置会社は該当しない）。

　　監査役会設置会社の場合，監査役会により常勤監査役を選定する（会社法第390条第2項第2号）。これは，定時株主総会終了後の最初の取締役会の前に行う。

・全員一致による監査役の報酬の決定（指名委員会等設置会社，監査等委員会設置会社についてもこれに準じる）。

・特定監査役の選定（指名委員会等設置会社，監査等委員会設置会社についてもこれに準じる）。

・特別監査役の選定（指名委員会等設置会社，監査等委員会設置会社についてもこれに準じる）。

・監査を行うための枠組みの作成（指名委員会等設置会社，監査等委員会設置会社についてもこれに準じる）。

　　これらには，監査方針，監査計画，監査の方法，職務分担等の策定などが含まれる。

❗もう少し説明⑦　少し特別な役員さん

　ここで特定監査役とか特別監査役という言葉が登場した。これらの少し特別な役割を与えられた監査役と取締役について簡単に説明する。

【特定監査役】
　特定監査役とは，特定取締役・会計監査人に対して監査報告の内容を通知，また会計監査人から通知を受ける監査役を指す。特に選定していない場合には，すべての監査役が特定監査役になる（会社計算規則第

158条5項)。

【特定取締役】

特定取締役とは，会計監査人が行う会計監査報告を受ける取締役である。会計監査人の監査報告を受ける取締役を特に定めている場合は，その取締役のことを指し，特に定めていない場合は，監査を受けるべき計算関係書類の作成に関する職務を行った取締役および執行役が該当する（会社計算規則第158条4項）。

【特別監査役】

次に説明する特別取締役会に出席する会社法第383条第1項で定められる監査役である。会社法上の呼称ではないが一般的に特別監査役と呼ばれる。

【特別取締役】

取締役会の決議を必要とする事項の中で，特定の事項について決議権限をもった取締役を特別取締役という。この特定の事項とは，重要な財産の処分や譲受け，また多額の借財に関する事項を指す。この特別取締役制度は，旧商法では重要財産委員会と呼んでいた。この特別取締役による決議をするための取締役会（3人以上の特別取締役で組織）を特別取締役会と呼び，この特別取締役会には特別監査役も出席する。

特別取締役制度は，取締役6人以上，うち社外取締役1人以上の取締役会設置会社（指名委員会等設置会社を除く。監査等委員会設置会社は一定の条件付き）が設けることができる（会社法第373条）。実際には，取締役の数が多く，取締役会を適宜開くことが難しい大きな会社に採用されている。

（3）監査計画の見直しまたは作成

　監査計画の策定または見直しについては，すでに述べた監査体制の構築の一部である。ここでは，監査計画の期間を監査役等が選任される定時株主総会から次の定時株主総会までを1サイクルとして考える。したがって，監査計画は定時株主総会後の最初の監査役会，監査委員会または監査等委員会で作成されることになる。

　まず監査方針を立ててそれに基づいた監査計画が決まると，監査役（会），監査委員会または監査等委員会は，取締役（会），会計監査人および内部監査人によく説明する。

　監査計画の詳細については「5．監査計画」（100ページ）を参照していただきたい。

（4）期中監査

　期中監査は，次に述べる期末監査以外のすべての監査活動を含む。この期中監査活動には，監査業務を支援する監査役スタッフの配置や，内部監査人および会計監査人との定期的な会議の設定などの監査環境の整備も含む。

　期中監査で行う監査役の業務の具体的な事項は「6．業務監査」（102ページ）で説明しているが，ここで，期中監査で行う主要な監査業務をあげておこう。

- ・会社や子会社の取締役等との意思疎通および情報の収集
- ・内部監査部門，会計監査人，子会社の監査役等との意思疎通，情報収集および連携した監査活動
- ・取締役会への出席と意見表明
- ・経営会議，リスク管理委員会等の重要会議への出席
- ・重要な決裁書類，重要な会議の議事録等の閲覧
- ・本社，および国内外の事業所，工場，子会社等の業務および財産の調査
- ・法令・定款違反の監視と検証
- ・買収防衛策等の検討

・半期報告書等の検討

・会計監査人の監査状況の監視と検証

・中間配当の適正性の検討

・臨時決算を行った場合には，臨時計算書類の監査

このような期中監査の結果は，監査調書に記録する。監査役会設置会社の場合には，監査調書は監査役会に報告し，会社の業務の状況やコンプライアンスの状況などに関して情報を共有する。

また，期中監査において重大な法令違反や定款の違反を発見した場合には，速やかに取締役（会）に報告し，必要に応じて助言や是正勧告を行う。この重大な法令違反や定款の違反が取締役によって行われている場合には，監査役等は，必要に応じてその行為の差止めを請求することができる。

これらの点については，「3. 監査役等の義務と権限」（67ページ）を参照していただきたい。

（5）期末監査

期末監査は会計年度の期末前後から定時株主総会を終えるまでの時期にあたり，期中監査の取りまとめとともに，その年度の会社の活動を集大成した業務報告や計算関係書類の監査，監査報告の作成および定時株主総会に向けた準備などを行う。

また，会計年度の終わりから定時株主総会にかけては，期末監査と併行して，新年度の期中監査を開始する時期にあたることに留意していただきたい。当然，この時期は監査役等にとって大変忙しい時期になる。監査計画の中でこの時期の監査日程，監査の内容，役割分担，監査役スタッフへの作業割当て，取締役や会計監査人との打合わせ日程などをあらかじめ綿密につくっておくと，効率的で効果的な業務の遂行ができる。

期末監査の主要な業務には次のようなものがある。

・事業報告および附属明細書の監査

・計算関係書類の監査

・会計監査人の監査の方法と結果についての相当性の判断

・会計監査人の職務の遂行に関する事項の通知の受領

・経営者から財務報告に係る内部統制の評価に関する報告の聴取

・会計監査人から財務報告に係る内部統制の監査に関する報告の聴取

・監査役(会),監査委員会,監査等委員会監査報告の作成

(6) 定時株主総会準備

　この期末監査の時期は,定時株主総会の準備をする時期でもある。定時株主総会の準備の中で,監査役等の果たす役割は,取締役会により作成された株主総会提出議案や関係書類等の調査をし,適正なものであるかどうか確認をすることである。そして,その中に法令もしくは定款に違反し,または著しく不当な事項があると認めるときは,その調査の結果を株主総会に報告しなければならない(会社法第384条)。それらの確認項目には,次のようなものがある。

・決算取締役会において,次の事項を確認する。

　◇事業報告等および計算関係書類の承認

　◇開催日時,場所等の適法性などの定時株主総会開催要領

　◇総会提出議案と招集通知,参考書類の記載内容

・総会関連手続きの確認

　◇株主提案の有無

　◇招集通知の内容と手続き(発送日など)

　◇事前質問事項

　◇備置書類の事前確認

　以上のようなこれまでの株主総会関連の準備に加えて,2019(令和元)年12月4日に成立した会社法の改正において,株主総会資料の電子提供制度が定められたことに注意しなければならない。この場合,株式会社は株主総会資料の電子提供措置をとる旨を定款に定めなければならない。電子提供措置

によって提供される資料は以下のとおりである。

　①株主総会参考資料

　②議決権行使書面

　③会社法第437条の計算書類及び事業報告

　④会社法第444条第 6 項の連結計算書類

　また，今回の会社法改正ではもう 1 つ株主総会関連で株主提案権に関して重要な改正が行われた。それは株主が提案することができる議案の数が10を超えないことに制限されたことである。この場合，議案の数の数え方については細かな定めがあるので注意を要する[18]。

（7）定時株主総会

　コーポレートガバナンスの観点から見ても，定時株主総会（以下「総会」という）は，経営者に経営を委任した株主が経営者の 1 年間の職務執行の結果について確認し，将来の計画について意見を交わす重要な会議である。また総会は，経営者が善管注意義務および忠実義務を守って職務の執行を適正に行ってきたかどうかという点について，監査役等が 1 年にわたって監査してきた結果を，株主に対して最終的に報告する場でもある。

　総会における監査役等の役割には，総会前，総会当日および総会終了後の 3 つの役割に分けて見た方がわかりやすいと思う。

①総会前の監査役等の仕事

　総会前の監査役等の仕事として最も重要な仕事は，総会の適法性の確認をすることである。この中でも，取締役が総会に提出しようとする議案および書類等（招集通知，事業報告・計算関係書類・監査報告などの添付書類，参考書類）を調査し，その内容に法令および定款に対して著しく不当な事項があるかどうかを確認することである。もしそのような不当な事項があった場合には，総会当日に口頭で報告することになるが[19]，事前にその旨を参考書

類に記載しておかねばならない。

②総会当日の監査役等の仕事

まず，監査役等が口頭で報告する仕事が2つある。

【適法性に関する口頭報告】

監査役等の総会前の仕事について述べたように，総会提出書類等に不当な事項があった場合は，総会当日，口頭で報告することになる。したがって，この報告は常に行われるものではない特別の報告となる。

【監査に関する口頭報告】

この報告は，法令で義務づけられたものではなく，任意の報告である。しかし，監査役等が1年間を通じて行った監査業務について，株主に口頭で説明することは重要なことであると考えられ，ほとんどの会社で実施される通例となっている[20]。口頭報告の内容の作成と報告する監査役等の指名は，監査役会，監査委員会または監査等委員会で行われる。

総会において，株主から説明を求められた場合は，監査役等は，その質問に対して必要な説明をすることが義務づけられている[21]。ただし，その質問が株主総会の目的である事項に関係のないものであった場合，その説明をすることにより株主の共同の利益に著しい損害をもたらす場合，あるいは法務省令で定めるなど正当な理由がある場合には，その質問に対して答える必要はない。

総会では，この口頭報告と質問に対する説明以外に，監査役等は，総会の議事運営と決議の方法が適法であるかどうかについて確認する義務がある。具体的には，総会の定足数が満たされているか，議決権の数はいくつあるのか，質問への説明や動議への対応が適正であるか，普通決議や特別決議の方法が適法かどうかなどを確認する。もし，問題がある場合は，議長に指摘し，その対応について弁護士等と協議することが必要である。

③総会終了後の監査役等の仕事

　総会が終了しても，監査役等には総会の事前の準備以上の仕事が待っている。これらの仕事については，「4．監査業務のサイクル」（90ページ）の中の「（1）定時株主総会後の監査業務」を参照していただきたい。

　社外監査役等の総会における役割は，法令的には社内監査役等と変わることはない。なお，現実的には，総会当日の監査役等の主要な役割は常勤監査役，監査委員長または監査等委員長が務めることが通例である。

　ただし，社外監査役等が，総会において意見を表明することを独自に判断した場合には，社外監査役等も重要な役割を担うことになる。

　また，総会での特段の役割のない社外監査役等でも，自身で事前および事後の監査役等の重要な仕事について，確認をしておく必要がある。もし，そのような確認を怠り，その後，監査役等の業務に善管注意義務違反が発見された場合には，監査役等の連帯責任として社外監査役等も責任をとらねばならない。

5．監査計画

（1）監査方針と監査の重点項目の検討

　その会計年度の監査方針は，前年度の監査結果あるいは会社によっては，それより前の監査結果に影響を受ける。過年度の監査で問題となった重要な事項がどのように是正されたのか，あるいは是正されないまま残っているかによって監査方針が左右される。

　さらに，会社の新しい経営戦略等も監査方針に大きな影響を与える。例えば，その年度に大きな企業買収を計画していたとすれば，監査も買収手続きや買収に関連する種々の契約などに焦点を当てなければならない。

　監査の重点事項の選定については，法定の必須項目は，当然，重点事項となる。それ以外に監査の方針と監査の重点項目の選定をする方法は，リスクアプローチによる方法が有効である。このリスクアプローチについては，「8．リスクアプローチの業務監査への応用」（200ページ）で説明する。

（2）監査日程

　監査日程は，監査役等が出席すべき取締役会やリスク管理委員会などの会社の重要な会議，およびそれらを考慮した監査役会，監査委員会，または監査等委員会の日程などをスケジュールに入れる。定期的な監査業務としては，半期報告書のレビュー，期末監査があるので，これらの監査に対するスケジュールを的確につくる必要がある。期中の業務監査についても，監査方針および重点項目に基づいて事業所，営業所，工場，重要な国内および海外の子会社等への往査について，日程を組む。

（3）監査方法

　監査の方法については，次のような点について定める。
　・取締役会および会社の重要会議への出席による調査
　・事業部，工場，子会社（海外子会社も含む）などへの往査
　・会計監査人あるいは内部監査部門との意思疎通および情報交換
　・会社の重要書類の閲覧　など

（4）役割分担

　理論的には，監査役は独自に監査する権限をもっているが，少ない人数で，それぞれの監査役が別々に広範な業務を監査することは非効率で，現実的なことではない。監査役の独自の権限の行使を妨げないよう，お互いが議論した上で監査方針に基づいた監査業務について役割分担をしておくことが効果的である。社外監査役等の場合，社外監査役等としての役割分担を明確にしておけば，社外監査役等の業務も格段とやりやすくなるであろう。

　ここで注意しておきたいことは監査役の独任制である。この独任制のもとでは監査役会の合議に拘束されずに監査役独自の監査ができる。

　一方で，監査委員会または監査等委員会の場合は合議による組織監査になるのでこのような役割分担はより重要である。

（5）監査費用に関する予算

　監査費用については会社に支払い義務があるが，やはり監査方針に基づいた監査活動の範囲と内容を考慮して，おおよその予算を作成しておくことが，会社も監査業務に対してより理解することができ，監査業務も効率よく行えるであろう。

6．業務監査

（1）業務監査とは何か

　業務監査は，取締役が善管注意義務・忠実義務を守って，職務の執行を適正に行っているかということを，業務の現場で監視して行う監査である。この業務監査は2つの視点から行う必要がある。1つは，取締役に不正行為や法令・定款違反はないか，取締役は法令や社内規程を遵守しているかなどの視点で行う監査である（適法性監査）。

　適法性に重点を置いた監査の視点（適法性監査）に加えて，取締役の職務の執行が，経営の適正性，健全性，効率化，活性化を目指して，合理的にかつ適正に行われているかどうかという点について監査することが，業務監査のもう1つの目的となる（妥当性監査）。

　業務監査の過程で，取締役や従業員に違法な行為や，会社の目的から見て不適切な行為が行われていることが発見された場合には，監査役等は，その事実を取締役（会）等に報告，指摘，助言，勧告などを行う必要がある。取締役の違法な行為については，必要に応じて，その取締役のそれら不適切な行為の差止請求や，取締役会の招集などを行うことになる。

　会社法が施行され，内部統制システムの整備が取締役会の専決事項として定められた。改正後の会社法のもとでは，大会社および大会社でなくとも指名委員会等設置会社と監査等委員会設置会社の場合にはその決議が義務づけられている。さらに，内部統制システムの整備が取締役会で決議された場合には，事業報告で内部統制システムの整備についての決議の内容と運用状況の概要を記載することが義務づけられている。

このため，内部統制が適正に構築され，有効に機能しているかどうかという点についての監査が，監査役等の監査における監査役等の重要な仕事になっている。また，金融商品取引法も内部統制に関する規定を設けており，これについても取締役の職務執行の監査の一環として監査役等は監査をする必要がある。

（2）経営判断の原則

ところで，これから監査役等に就こうとしている人にとっては，取締役が善管注意義務・忠実義務を守って，職務の執行を適正に行っているかということを監視するという点について，どのような具体的なイメージをもてばいいのか，戸惑いを感じるのではないだろうか。

取締役が法令や会社の定款に明白に違反している場合，その不適切な行為の判断に困ることはないであろう。問題は，株主からの委託を受けてリスクをとって企業価値の増大に努めている取締役が，一定の経営判断による意思決定をする場合，その行為が善管注意義務・忠実義務を守った上で行われているかどうかという点を，監査役等がどのように判断するかという場合である。この判断を誤ると，監査役等も善管注意義務違反に問われる可能性がある。

この点につき，日本監査役協会の監査役監査基準第23条では次のように規定している。これを経営判断の原則といっている。

1．監査役は，取締役会決議その他において行われる取締役の意思決定に関して，善管注意義務，忠実義務等の法的義務の履行状況を以下の観点から監視し検証しなければならない。

一　事実認識に重要かつ不注意な誤りがないこと

二　意思決定過程が合理的であること

三　意思決定内容が法令または定款に違反していないこと

四　意思決定内容が通常の企業経営者として明らかに不合理ではないこ

と

　五　意思決定が取締役の利益または第三者の利益でなく会社の利益を第
　　一に考えてなされていること
　　（ここでの監査役を監査委員または監査等委員と読み替えることがで
　　きる）。
2．前項に関して必要があると認めたときは，監査役等は，取締役に対し
　助言もしくは勧告をし，または差止めの請求を行わなければならない。

　この経営判断の原則に関する監査役監査基準の規定も，「一　事実認識に
重要かつ不注意な誤りがないこと」，「二　意思決定過程が合理的であること」
および「四　意思決定内容が通常の企業経営者として明らかに不合理ではな
いこと」についてはまだ少し概念的で，具体的なイメージを与えてくれない。
これらの点について判断するためには，次のような点について，会社の事業
の内容をよく理解しておくことが重要である。
　・会社の目的，経営戦略，中長期の経営計画および予算
　・会社の営む事業のおかれている環境
　・代表取締役および取締役の経営リスクに対する姿勢および考え方
　・代表取締役および取締役の報酬に関する方針　など
　そうすることによって，意思決定の根拠は事実と違っていないか，意思決
定は会社の目的，経営戦略，中長期の経営戦略および予算に沿ったものか，
おかれている事業環境から見たとき，あまりに大きなリスクをとりすぎてい
ないか，などの点が見えるようになるであろう。また，報酬方針とリスクに
対する姿勢もあわせて考慮する必要がある。

（3）取締役レベルでの業務監査の視点

　個別の業務プロセスは，取締役の姿勢，考え方，方針，行為および意思決
定などによって影響を受ける。個別の業務プロセスの監査にあたっては，あ
らかじめそれらの点について理解しておくことが重要である。取締役の姿勢，

考え方，方針，行為および意思決定などについて，どのような視点で監視すればいいのかという例をいくつかあげておこう。

①取締役の職務の執行に関して

- ・取締役（会）の意思決定は，経営判断の原則から見て，適切であるか
- ・取締役会において，取締役は相互に職務の執行を監督しているか
- ・取締役の競業取引，取締役と会社の利益相反取引等，違法な取引はないか
- ・子会社または株主との取引で通例の取引から外れるような取引はないか
- ・自己株式の取得および処分等は，適切な手続きを経て行われているか，経営判断の原則から見て適切か
- ・情報開示に対する判断は適切か

②会社法の定める内部統制システムに係る取締役会決議に関して

- ・取締役の職務の執行に係る情報の保存および管理体制等，会社法施行規則に定められた体制の整備は適切に構築され，運用されているか
- ・監査役等の業務環境の整備に係る会社法施行規則に定められた事項について適切に対処しているか
- ・取締役（会）は，これらの体制の整備・運用の状況をモニターし，是正すべき点を把握して適切に対処しているか
- ・取締役会は，金融商品取引法による財務報告に係る内部統制についてその整備・運用の状況を把握し，適切に対処しているか

③事業報告に関して

- ・会社の事業の範囲を正しくカバーしているか
- ・会社の内部統制に関する記述は適正か
- ・法令・定款に従い，会社の状況を正しく開示しているか
- ・その他必要な報告事項は網羅されているか

④その他の重要事項に関して

・買収防衛策などに関して指摘すべき事項はないか

・配当政策などに関して指摘すべき事項はないか

（4）業務レベルでの監査

　業務監査は，会社のあらゆる業務プロセスが対象となる。業務執行取締役（指名委員会等設置会社では執行役）は，それらの業務が適正に，効率的かつ効果的に行われるように管理する義務と責任がある。個別の業務に対する監査役等の監査は，個別の業務を内部監査部門等と連携して実際に調べることにより，取締役の管理が適正に行われているかどうかを確認するものである。

　それらの業務プロセスの例のいくつかをあげると，次のようなものがある。

・販売業務	・顧客サービス業務
・購買業務	・給与計算業務
・在庫管理業務	・固定資産管理業務
・製造業務	・会計処理業務
・検査業務	・決算業務
・原価計算業務	・財務業務
・配送業務	・連結決算業務

　これらすべての業務について，監査してくださいといわれても，どこから手をつけ，どのようにしたらいいのか，新任の監査役ならずとも，途方に暮れるであろう。

　この問題を解決する1つの効果的な方法は，上記の会社の業務の相互の関連を理解することから始めることである。別の言葉でいえば，業務プロセスの構造を理解することである。その上で，会社にとってどの業務プロセスが重要であるか，その重要な業務プロセスに潜在していると思われるリスクはどのようなものがあるのかという分析をする。そしてあげられたリスクが実際に生起する可能性と，生起した場合，会社に与える損害の大きさはどの程

度かという観点から，重要なリスクを洗い出す。それによって，複雑な会社の業務プロセスのどこに注目すればよいのかということが見えてくるであろう。

このような方法を，リスクアプローチというが，リスクアプローチのもう1つの利点は，業務監査と会計監査を効果的に関連させることができ，監査役にとって効率的な監査が行えることである。

このリスクアプローチについての具体的な説明は，第2編の実践編で行うが，個別の業務に関する監査の説明に関しては，必要に応じて他の書籍・資料等を参考にしていただきたい。

（5）事業報告の監査

会社法は，計算書類およびその附属明細書ならびに連結計算書類の内容となる事項とは別に，株式会社に対して事業報告とその附属明細書（以下「事業報告等」という）の作成を義務づけている。

監査役は，事業報告等を監査する義務がある[22]。会社法の規定では計算関係書類は会計監査人（会計監査人設置会社の場合）が監査し，監査役等は会計監査人の監査の方法と結果の相当性を判断することとされているが，事業報告等の監査は監査役だけの仕事になっているのでこの点に関する監査役等の責任は重いことに留意する必要がある。

この場合，会計監査人は監査意見を表明しないという意味では事業報告の監査はしないが，事業報告などの「その他の記載内容」について会計監査人は通読してその結果を監査報告書に記載する。

【事業報告の記載内容】

会社法施行規則は，事業報告等には，株式会社の状況に関する重要な事項，および上述のとおり大会社等の場合，内部統制システムの体制の整備・運用の概要についての記載を義務づけている。

さらに，公開会社については，次のような内容を記載することを求めている。
・株式会社の現況に関する事項

　・株式会社の会社役員に関する事項

　・株式会社の株式に関する事項

　・株式会社の新株予約権等に関する事項

　会社法施行規則は，その他，社外役員がいる場合の記載内容，会計監査人がいる場合の記載内容，を定めている。また，株式会社の支配に関する基本方針（会社法施行規則第127条）において，株式会社が「株式会社の財務及び事業の方針の決定を支配する者のあり方に関する基本方針に照らして不適切な者によって当該株式会社の財務及び事業の方針の決定が支配されることを防止するための取組み」，いわゆる買収防衛策を定めている場合は，その内容について記載することを義務づけている。

【事業報告等の監査の要点の例】

　事業報告等の監査の要点については，一部「取締役レベルでの業務監査の視点」のところで示したが，ここでもう一度整理しておきたい。もちろん，ここでの例示がすべてをカバーしているわけではないので，実際には会社の状況に応じて，より詳細に監査することが必要である。

　・事業報告等の記載内容に漏れはないか

　・事業報告等の記載内容は，法令および会社の定款に準拠したものになっているか

　・事業の範囲を正しくカバーしているか

　・事業の遂行にあたって，取締役が法令・会社の定款に違反するような行為を行っていないか

　・内部統制システムの体制に整備に関する取締役会の決議の内容は適切に記載されているか

　・内部統制システムの運用状況についての記載は適切か

　・「株式会社の財務及び事業の方針の決定を支配する者のあり方に関する基本方針に照らして不適切な者によって当該株式会社の財務及び事業の

方針の決定が支配されることを防止するための取組み」（買収防衛策）
が記載されている場合，その基本方針の内容は法令・規則に準拠したも
のか，また買収防衛策の取り組みは基本方針に沿っているか
・株式会社の状況に関する重要な事項のうち，会社の事業活動の内容が，
有価証券報告書や決算短信の内容と合っているか　など

【有価証券報告書】

　事業報告は会社法で定められた報告書であるが，ほぼ同様の内容をもつ報
告書として金融商品取引法（第24条第1項）で定められた有価証券報告書が
ある。この有価証券報告書は株主総会後に内部統制報告書とともに内閣総理
大臣に提出される。この報告書も監査役の監査の対象となる。監査のポイン
トは事業報告で述べたところとほぼ同様である。

　ここで1つ注意しなければならない点は，2023年1月31日に公布された「企
業内容等の開示に関する内閣府令の改正」である。これは有価証券報告書の
記載内容に係る規定の改正で，2024年3月31日に終了する事業年度に係る有
価証券報告書等の記載内容に適用される。詳しい内容はここでは省略するが，
監査役等の活動の開示項目である「監査の状況」の中で次の点の開示が修正・
追加されていることに留意する必要がある。

・監査役会（監査等委員会設置会社においては監査等委員会，指名委員会
　等設置会社にあっては監査委員会）の活動状況の開示において求められ
　ている監査役会，監査等委員会，監査委員会の開催頻度，個々の監査役
　等の出席状況及び常勤の監査役の活動状況とともに求められていた「主
　な検討事項」が「具体的な検討内容」に修正されたこと。
・提出会社が上場会社等である場合には，内部監査の状況等について「内
　部監査の実効性を確保するための取組（内部監査部門が代表取締役のみ
　ならず，取締役会ならびに監査役および監査役会に直接報告を行う仕組
　みの有無を含む）」を開示することが追加されたこと。

この「監査の状況」の開示は，監査役会，監査等委員会，監査委員会の活動の実効性を判断するという観点から要請されるものである。監査役等としては，自らの責務の履行についてこのような開示に十分応えられるよう研鑽することが求められる。

【監査期間】

監査役（会），監査委員会または監査等委員会は，次の日のうち，いずれか遅い日までに，事業報告等の監査報告を作成し，特定監査役等から特定取締役[23]に対してその内容を通知する必要がある。実際には，この規定に反しない範囲で，株主総会の日程を考慮しながら，取締役（会），監査役（会），監査委員会，監査等委員会，会計監査人と日程を調整する。

・事業報告を受領した日から4週間経過した日
・附属明細書を受領してから1週間経過した日
・特定監査役等と特定取締役の間で合意した日

7. 会計監査

（1）監査役等による会計監査の要点

取締役の重要な義務の1つは，会社の経営者としての1年間の職務の執行の経過と結果について株主をはじめとする利害関係者に報告しなければならないことである。この報告の1つが，会社の財産および損益の状況を説明した計算関係書類である。

「1. 監査とは何か」（62ページ）で述べたように，監査の重要な業務の1つは，この取締役の報告が，世の中で一般に受け入れられている基準に合っているかどうかということを，独立の立場で客観的に証拠を収集して確認し，その結果を株主をはじめとする利害関係者に報告することである。したがって，取締役が作成した計算関係書類は，監査役監査の重要な対象となる。これが監査役等の監査における会計監査である。

会計監査人非設置会社においては，「計算書類が会社の財産・損益の状況を，

すべての重要な点において適正に表示しているかどうかについての意見」を，監査役等による監査の結果として，監査報告に記載することを規定している。この取締役から独立した立場の監査役等の監査の結果，「相当である」という意見表明がなされて初めて，経営者が作成した計算関係書類は，外部の利害関係者に対して報告することができる要件を満たすことになる。監査役等は，この点をまず銘記しておかなければならない（会社法計算規則第122条）。

　監査役等による会計監査は，会社の計算関係書類の作成過程を監査役等がすべて追試することではない。会計監査における監査役の主要な役割は，計算関係書類の重要な項目について適正にかつ正確に記載されているかどうかを検証し問題点を指摘することである。

　会計監査人設置会社においては，監査役は「会計監査人の監査の方法又は結果」の相当性を判断し，監査役（会）の監査報告に記載する（会社計算規則第127条）。この点は，監査委員会，監査等委員会も同様である。なお，「会計監査人の相当性判断については，「5．三様監査　②会計監査人と監査役」（123〜125ページ）を参照されたい。

　いずれの場合でもこの任務を果たすためには，業務監査の説明でも述べたように，業務プロセスの構造とそれぞれの業務に潜在する主要なリスクについて洞察をもつとともに，それぞれの重要な業務プロセスと財務諸表の勘定科目との関係を理解しておくことである。そのためには，会社の経営目標および業務の内容をよく理解することが求められる。また，会社の財産と負債の状況を説明している貸借対照表や，損益の状況を説明している財務諸表を理解できる程度の会計に関する知識と計算関係書類の作成基準である会社法・会社計算規則の会計規定について基本的な知識を身につけ，会社の経理規程等の会計処理に関する諸規程が，それらの規則に沿ったものであるかどうかを検証することができれば，より実効的な会計監査ができるようになるであろう。

（2）財務報告を規定する法律

　財務報告を規定する法律には，会社法と金融商品取引法がある。会社法はすべての会社に適用されるが，金融商品取引法は上場会社等の金融商品取引法の規制を受ける会社に適用される。また株式上場会社は，証券取引所の規則による年度および四半期の決算短信等の情報開示義務をもつ。これらをまとめると次のようになる。

①会社法による規則

　会社法に基づく計算関係書類には，次のようなものがある。
　a．各事業年度の計算書類（すべての会社に対して各事業年度において作成が義務づけられている。）
　　・貸借対照表
　　・損益計算書
　　・株主資本等変動計算書
　　・個別注記表
　　・上記計算書類の附属明細書
　b．連結計算書類（有価証券報告書を提出している会社は，作成が義務づけられている。その他の会社でも，会計監査人設置会社は作成することができる。）
　　・連結貸借対照表
　　・連結損益計算書
　　・連結株主資本等変動計算書
　　・連結注記表
　c．臨時計算書類（会計年度末以外の臨時決算日に作成する計算書類。期中配当を行う場合に作成することがある。）
　　・貸借対照表
　　・損益計算書

②金融商品取引法による規則（上場会社等のみ）

　有価証券報告書および半期報告書は，金融商品取引法が上場会社等に作成を義務づけている財務報告書である。これらの報告書の記載内容の概要は次のようなものである。また，これらの報告書は，多くの場合は，会社のホームページの中の「IR資料室」といった名前のついたサイトからダウンロードできるので，新しく監査役への就任を要請された方は，早い時期に過去2〜3期の有価証券報告書に目を通しておくことが必要である。

〈有価証券報告書の記載内容〉

　第一部　企業情報

　第1　企業の概況（主要な経営指標，事業の内容など）

　第2　事業の状況（経営方針，経営環境および対処すべき課題等，事業等のリスク，経営者による財政状態，経営成績およびキャッシュ・フローの状況の分析，経営上の重要な契約等，研究開発活動）

　第3　設備の状況（主要設備の状況，新設・除去等の計画など）

　第4　提出会社の状況（株式等の状況，役員の状況，コーポレートガバナンスの状況など）

　第5　経理の状況（連結財務諸表・財務諸表など）

　第6　提出会社の株式事務の概要

　第7　提出会社の参考情報

　第二部　提出会社の保証会社等の情報

③証券取引所の規則

　上記の2つの法律に基づく財務報告書以外に，上場会社は，証券取引所の情報開示義務として作成する年度および四半期の決算短信を作成する必要がある。この決算短信については，会計監査人（公認会計士）による監査は不要である（ただし，会社の任意でレビューが行われる）。監査役等は，法による直接の義務はないが，会計監査の一部として，決算短信に対する監査は行うべきである。

　また，上場会社には，証券取引所の上場規則で要求されているコーポレートガバナンス・コードに対して遵守するか遵守しない場合は説明する（Comply or Explain）義務が課せられている。

（3）計算関係書類の監査
　会社法に基づく計算関係書類の監査については，会社の形態によってやり方が異なっている。

①会計監査人を置いている会社（大会社等）の場合
　会計監査人（公認会計士）が，計算関係書類を監査し，会計監査報告を作成する。この計算関係書類の具体的な内容は図表4－6に示している。

■図表4－6　会社法と金融商品取引法に基づく会計監査

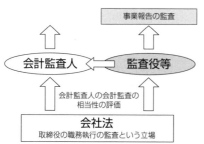
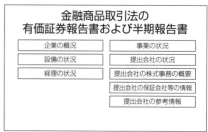
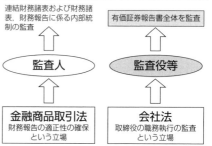

・監査役等は，2017年3月に監査法人のガバナンス・コードに関する有識者検討会より公表され，2023年3月24日に改訂された「監査法人の組織的な運営に関する原則」（いわゆる「監査法人のガバナンス・コード」）に基づいて，かつ監査法人のガバナンスに関する資料や聞き取り等を通じて，監査法人のガバナンスの状況を把握しなければならない。

・さらに，監査役等は，会計監査人の職務の遂行が適正に実施されることを確保するための体制（会計監査人の内部統制）ができているかという観点から監視・検証することで監査の方法と結果が相当であるかという観点から，その監査の方法と結果の相当性を判断し，業務監査の結果とあわせて監査報告書を作成する。この点に関しては，コーポレートガバナンス・コード補充原則3－2①で「監査役会は，少なくとも下記の対応を行うべきである」としている。具体的には，

　(i)外部会計監査人候補を適切に選定し外部会計監査人を適切に評価するための基準の策定

　(ii)外部会計監査人に求められる独立性と専門性を有しているか否かについての確認

・計算関係書類は，株主総会において報告され，会計監査人の監査意見が適正意見でない場合には，承認される必要がある。

②会計監査人はいないが監査役を置いている会社の場合

・監査役は計算関係書類が適正につくられているかどうかということを直接検証する会計監査を行い，監査報告を作成する。また，問題があれば取締役に報告する。

・計算関係書類は，株主総会の承認が必要である。

③会計監査人も監査役もいない会社の場合

・計算書類の監査は行われないが，計算関係書類は株主総会の承認が必要である。

（4）有価証券報告書および半期報告書の監査（上場会社）

2023年11月20日に四半期報告書の廃止に関する「金融商品取引法等の一部を改正する法律」に係る政令・内閣府令等が成立した。これにより，有価証券報告書の提出義務がある会社は，四半期報告書に代わって半期報告書の提出が求められることになったが，半期報告書の内容や監査・レビューについては従来の第2四半期の四半期報告書と概ね変わらない。この半期報告は，2024年4月1日以後に開始する事業年度について提出が求められることになっている。したがって，ここでは有価証券報告書および半期報告書の監査について述べる。

有価証券報告書および半期報告書の監査（レビュー）は監査人と監査役が行うが，それぞれの立場と監査の対象が違っている。

①監査人が，有価証券報告書の連結財務諸表，財務諸表部分を監査し監査報告書を作成する[24]。また，半期報告書の中間連結財務諸表をレビューし，期中レビュー報告書を作成する。これは金融商品取引法に基づく手続きである。ここで注意したいのは，有価証券報告書および半期報告書の非財務情報に関する監査人の対応である。財務諸表とともに開示される非財務情報は監査人の直接の監査の対象ではないが，財務諸表の表示やその根拠となっている数値等との間に重要な相違があるときには，監査人が表明した適正性に関する結論に誤りがあるのではないかとの誤解を招くおそれがあることから，当該相違を監査報告書に情報として追記することとされていた。この点に関し監査基準では，監査した財務諸表を含む開示書類のうち当該財務諸表と監査報告書とを除いた部分の記載内容（以下「その他の記載内容」という）について，監査人の手続を明確にするとともに，監査報告書に必要な記載を求めることとした[25]。

②一方，監査役等は，有価証券報告書（非財務諸表部分，確認書[26]を含む），内部統制報告書，半期報告書（非財務諸表部分・確認書を含む）等を監査する。この場合，この監査役による監査については，特に金融商品取引法に基づく義務ではなく，この監査に係る監査報告は作成しない。

114

　監査人と監査役等の立場の違いと，監査対象の違いを要約すると次のようになる。監査役等は，取締役の善管注意義務・忠実義務について監査役等が監視するという会社法の立場から財務報告書を監査する。したがって，監査役等の監査の対象は，非財務情報を含む有価証券報告書および半期報告書全体になる。監査人は非財務情報について監査意見を表明しないが，上記のように「その他の記載内容」について必要な記載を行う。監査役は，有価証券報告書および半期報告書の非財務情報について監査を行うと同時に，監査人が非財務情報を含む「その他の記載内容」についてどのように対応したかを監査し監査人の監査の相当性判断の根拠とする。この意味で監査役等の役割は重要である（図表4－6参照）。

　有価証券報告書等に虚偽の記載があった場合には，取締役，監査役等，監査人に損害賠償の責任が生じる。さらに，金融商品取引法は，代表取締役や会社に罰則規定を設けていることに留意していただきたい。

（5）会社法の定める事業報告等および計算関係書類の監査と有価証券報告書の監査の関係

　金融証券取引法の定める有価証券報告書の中の財務諸表は，会社法の定める計算関係書類をベースに作成されているので，会計監査の実務においては，会社法の計算関係書類の監査に基づいて，有価証券報告書の財務諸表が，整合性がとれているかどうかを検証する。

　また，有価証券報告書および四半期報告書の非財務情報については，業務監査および事業報告の監査と関連づけて見る必要がある。特に有価証券報告書の「第2　事業の状況」の中の「3．対処すべき課題」，「4．事業等のリスク」，「7．財政状態及び経営成績の分析」や，「第4　提出会社の状況」の中の「6．コーポレートガバナンスの状況」などは，業務監査の中の内部統制の監査などに基づいて，事業報告とも整合性がとれているかという観点も含めてしっかりと確認する必要がある。繰り返すことになるが，有価証券報告書のこの部分を監査するのは，監査役等だけである。

8. 監査報告

（1）監査報告とは何か

　監査役等の最終的な仕事は，1年間の監査活動の結果をまとめ，取締役の職務の執行について監査役としての判断を，監査を負託した株主に報告することである。これを監査報告という。

　監査報告の対象となるものは次の4つです。

　①事業報告およびその附属明細書

　②取締役の職務執行

　③内部統制システム

　④計算書類およびその附属明細書

　⑤連結計算書類

　⑥臨時計算書類（会計年度末以外の日付で決算を行った場合）

（2）監査報告の内容

　監査報告の内容は，大きく分けると，ここまで述べてきた監査役等の監査の方法およびその内容と監査の結果になる。

①監査業務の要点

- ・監査役等および監査役会，監査委員会，または監査等委員会の監査の方法と監査業務の具体的な内容
- ・監査のために必要な調査ができなかった場合は，その旨およびその理由

②監査の結果

- ・事業報告およびその附属明細書が，法令または定款に従い会社の状況を正しく示しているかどうかについての意見
- ・取締役の職務の遂行に関し，不正の行為または法令もしくは定款に違反する重大な事実があったときはその事実
- ・内部統制システムに関する取締役会の決議のある会社では，その決議の

内容またはその運用状況が相当でないと認めるときは，その旨およびその理由
・会社の財務および事業の方針の決定を支配する者のあり方に関する基本方針がある場合には，それについての意見
・計算書類およびその附属明細書についての監査結果
・連結計算書類についての監査結果

　計算書類等および連結書類に関する監査については「（3）計算関係書類の監査」（113ページ）を参照のこと。

（3）監査報告の作成上の注意点

　監査報告は，監査役等が株主に対して第三者の立場から報告する監査役等の業務の集大成である。したがって，次の点に注意しながら慎重に作成する必要がある。

・客観性を最大限保つこと。そのためには，監査報告に記載する内容についてその裏づけとなる客観的な証拠を整備しておく。例えば，重要な書類の閲覧記録，法令・定款違反や内部統制の決議内容の監査に係る監査調書などがある。
・適法性を期すること。記載内容は法令の要件を満たしているかなどのチェック。
・完全性を期すること。必要とすべき項目はすべて網羅しているかなどのチェック。
・正確性を期すること。文章に誤記がないかなどのチェック。

（4）監査報告書の作成者

　監査報告書の作成は，監査役会設置会社の場合は，監査役が行う。その場合は，個々の監査役が監査役監査報告書を作成し，複数の監査役の報告をもとにして監査役会報告書を作成する。その際，最低一度は監査役の間で審議することが義務づけられている。審議の方法は，監査役の間で同時に意見交

換のできる方法，例えば監査役会の会議あるいはテレビ会議などがある。

　監査役設置会社以外の場合は，監査役と異なり各委員個別の監査報告書は作成されず，監査委員会または監査等委員会の合議によって監査委員会または監査等委員会の報告書だけが作成される。

（5）監査報告通知の時期

　監査役会設置会社の場合，特定監査役等は，監査報告を特定取締役に対して法令で定められた期日までに通知しなければならない。事業報告と附属明細書に係る監査報告については，すでに説明したとおりであるが，計算関係書類と附属明細書，連結計算書類に係る通知期限はそれぞれ法令（会社計算規則第152条第1項および第160条第1項）で定められているのでチェックしていただきたい（監査委員会，監査等委員会についてはこれに準じる）。

❸ 企業組織・制度に対する監査役等の役割および関わり方

1．定時株主総会と監査役等

　監査役会設置会社の場合，総会における監査役の役割は，常勤監査役が行うのが一般的であるが，社外監査役は，総会における監査役の一般的な役割を理解した上で，一通り監査役として行うべき事項が適正になされているかどうかを確認しておく必要がある。もし，総会の準備期間から総会当日および総会後の監査役の業務において，監査役の善管注意義務違反があった場合には，社外監査役も連帯責任をとらなければならないことになる。

　監査役会設置会社以外の場合，監査委員長または監査等委員会の委員長がここで述べた役割を担う。

2．取締役・取締役会と監査役等

　取締役・取締役会・代表取締役の職務の執行は，監査役等の直接の監査の対象であり，監査役等は，必要と認めたときは取締役の違法行為の差止めを

請求したり，取締役会を招集したりする権限をもっている。この監査の職務を行うにあたって，監査役等は，取締役会に出席し，必要と認めるときは意見を述べなければならない。これが監査役等と取締役・取締役会・代表取締役との公式の関係である。

また，会社法は，「監査役監査の適切な遂行には，意思疎通，情報収集，監査環境の整備が必要である」との前提から，監査役等にそのための努力義務を課している。この努力義務の一部として，監査役等は会社および子会社の取締役や幹部との非公式な場も含む，意思疎通の場を利用して，情報の収集や監査環境の整備に努める必要がある。

これらの意思疎通には，取締役会以外に，経営に関する重要な会議において，あるいは取締役を監査役会，監査委員会または監査等委員会に招いて，報告を受け，説明を求め，意見を述べることなどがある。

その他，会社の中におけるさまざまな機会を利用して，取締役との意見交換をしたり，取締役の部屋に立ち寄って雑談をしたり，昼食会や夕食会などの非公式の場で情報や意見を交換することも，監査役等の重要な仕事の1つである。

特に，社内に強い人間関係をもたない社外監査役等にとっては，公式の場だけでなく，非公式の場を積極的に活用して人間関係を築き，社内の重要な情報を収集することに努める必要がある。また，監査役会設置会社の場合，このような場を設けるために，社内に強い人間関係をもつ常勤監査役の援助を仰ぐことも1つの方法である。監査委員会または監査等委員会の場合でも，常勤監査委員，常勤監査等委員がいれば同様の役割が期待できる。

3．代表取締役と監査役等

監査役等と取締役との意思疎通の中でも，代表取締役（指名委員会等設置会社の場合は代表執行役）との意思疎通は監査役等の最も重要な職務の1つである。取締役会への出席という公式の場での意思疎通も重要であるが，それだけでは十分ではない。監査役等と代表取締役の定期的な会合をもつなど

公式の場を増やすことや，すでに述べたような昼食会や夕食会などにも，できるかぎり，代表取締役に出席してもらうようにするとよいであろう。社外監査役等の場合には，さらに代表取締役との接触が少なくなるので，そのような機会を最大限利用して代表取締役と意見交換ができるよう努力する必要がある。

代表取締役と監査役等の関係については，代表取締役が開放的な人か内向的な人かなどの性格によって，またその会社の企業文化などによっても相当に様相が異なってくるであろう。

4．経営会議等社内の重要な会議と監査役等

多くの会社では，取締役会とは別に，経営戦略についてより突っ込んだ議論をし，実質的に会社の方向性を決める会議をもっている。このような会議は経営会議とか経営戦略会議などと呼ばれることが多いが（以下「経営会議」という），経営会議の議長は代表取締役が務めることが一般的であり，かつ重要な職務を担当する取締役も会議のメンバーである。したがって，このような会議への出席と，その場での質問や意見表明は，監査役等の重要な仕事の1つである。

経営会議以外にも，リスク管理委員会，コンプライアンス委員会，内部統制委員会など直接，監査業務に関わりのある重要な会議への出席は，監査役等の会社内部の幹部との意思疎通や情報収集にとって必要な職務である。

会社によっては，このような会議への監査役等の出席を拒むことがあるかもしれないが，年度の初めの段階で監査計画を立てるときに，このような社内の重要な会議のスケジュールを入手して，出席できるような根回しをし，予定を組んでおくことが大切である。このような根回しを行うときに，会社幹部に対して，会議への出席は，会社法で定められた監査役等の調査権に基づくものであることを説明し理解を求めるようにすることが重要である。

監査役等としても，このような会議への出席は，代表取締役をはじめとする取締役の事業リスクに対する考え方や，会社の方針について詳しく知るこ

とのできる貴重な機会である。しかし，社外監査役等の場合，現実問題としては時間的制約から重要会議への定期的な出席は難しいかもしれない。そのため，会議に出席した常勤監査役から会議での議論の要点を聞き取ったり，議事録を閲覧したりして情報収集に努めることが大切である。

5．三様監査（監査役等監査・会計監査人監査・内部監査）

　会社の監査は主として監査役等（監査役，監査委員，監査等委員），外部監査人，内部監査人の三者によって行われる。外部監査人は，会社法では会計監査人，金融商品取引法では監査人と呼ばれるが，ここでは会計監査人という言葉を使う。

　この三者の効果的な連携は会社の総合的な監査およびそれぞれの監査に有益な効果をもたらす。以下，この三者の効果的な連携について説明するが二者間の関係だけでなく三者が同時に会合をもちコミュニケーションをとることが重要である。

①内部監査部門と監査役等

　内部監査部門は，会社による任意の組織であり，通常は，代表取締役の指揮のもとで，業務執行のラインから独立したかたちで，会社のさまざまな業務が，効率的にかつ適正に行われているかどうかということを監査する役割をもってきた。内部監査の結果は，代表取締役に報告される。内部監査については，第4章2「3．内部監査」（86ページ）を参照。

　内部監査部門と監査役との関係については，日本内部監査協会の「内部監査基準」（2014年改訂）において，内部監査部門から監査役(会)等への報告経路の確保を義務づけていること，またこの点については，内部統制基準等でも求められるようになったことを指摘しておく。なお，内部監査部門の代表取締役および監査役(会)等への報告経路の問題については，第4章4「3．監査環境の整備と内部監査部門との連携」（134ページ）を参照のこと。

　内部監査部門は，会社のさまざまな業務の監査を通じて，会社の業務の効

率性，適法性，および内部統制の整備・運用に関する情報をもっている。内部監査部門による監査は，取締役（会）の善管注意義務の1つとして代表取締役の指揮のもとに，業務の効率性，適法性等について行う監査である。一方で，監査役等による監査は，取締役の職務の執行が，善管注意義務・忠実義務を守って適切に行われているかどうかに関する監査である。したがって，監査役等と内部監査部門の関係は2つの意味をもっている。

まず監査役等は，内部監査部門が業務の監査を適切な方法で，重要な業務について十分な時間を使って行っているかどうかを知ることで，取締役が会社の重要な業務について善管注意義務を尽くして監視しているかどうかを判断することができるということである。

もう1つの点は，上記の点を確認した上で，監査役等の業務監査に内部監査の結果を実効的に活用することである。多くの会社の場合，監査役等の監査資源には制約がある。また内部監査部門による業務監査は，IT監査や法務監査など，監査役が直接に深い知識をもたない分野の監査もカバーすることなどの理由で，内部監査の活用は，監査役等の監査にとって重要である。この点については，常勤の監査委員，監査等委員を置かない指名委員会等設置会社，監査等委員会設置会社にとって特に重要である。

このような目的のために，監査役等は，次のようなかたちで内部監査人と密接な関係を維持しておくことが大事である。特に，社内の業務に疎遠な社外監査役等にとっては，内部監査人は貴重な情報源であるといえる。

ⅰ 定期的な会合をもつ。

ⅱ 監査役等による監査計画と内部監査人の監査計画を効果的に関連づける。

ⅲ 内部監査人の監査結果について必ず定期的に報告を受けるような仕組みをつくり，さらに内部監査人が監査の途中で重大な問題を発見したときは，即刻報告を受ける体制をつくっておく。

ⅳ 監査役等の監査結果についても，内部監査人に報告する体制をつくっておく。また監査役等の監査の途中で発見した重大な問題は，即刻内部監査人に報告する体制をつくっておく。

ｖ特定の業務については，可能な場合には内部監査人に調査を依頼する。

ここで述べた内部監査部門との協働は，常勤の監査委員または監査等委員を置いていない場合は特に重要である。

②会計監査人と監査役等

会計監査人設置会社[27]では，監査役等は会計監査人に対する重要な権限をもつと同時に，監査役等と会計監査人は，会社の計算関係書類等や有価証券報告書等の財務報告書が，一般的に受け入れられている会計原則に従って適正に作成されているかどうかということを検証するという共通の目的をもっている。

会社法は，会計監査の適正性および信頼性を確保するために，会計監査人との関係では，監査役等に対し次のような権限を与えている。

①会計監査人の選任・解任・不再任に関する株主総会議案の内容の決定権（会社法第344条）および会計監査人の解任権（会社法第340条）

②会計監査人に対する報酬等の同意権（会社法第399条）

③会計監査人から報告を受ける権限（会社法第397条第１項，第３項）

④会計監査人に報告を求める権限（会社法第399条第２項）

⑤会計監査人の会計監査報告の内容の通知を受ける権限（会社計算規則第158条）

⑥会計監査人の職務遂行に関する事項の通知を受ける権限（会社計算規則第159条，日本監査役協会の監査役監査基準第26条）

このような法令・規則で定められた権限を実効的に行使して，会計監査人による監査の適正性を確保することは，監査役等の善管注意義務の１つである。このために，監査役等は，会計監査人と常に密接な関係を保ち，会計監査人が経営者から独立した立場で監査を行っているか，経営者と馴れ合いの関係はないか，会計監査人としての知識と見識は信頼できるかなどの観点か

ら，会計監査人の監査を監視する必要がある。このような観点から監査役等が会計監査人の監査の相当性を判断する基準として日本監査役協会は，2015年11月に「会計監査人の評価及び選定基準策定に関する監査役等の実務指針」（以下「実務指針」という）を公表し，各企業はこれに対応した独自の会計監査人の監査の相当性を判断する基準を策定してきた。その後，日本監査役協会は2023年12月21日に，この間の日本公認会計士協会の「監査に関する品質管理基準」の改訂，「KAM」の導入，「倫理規則」の改訂，その他各種実務指針や公表物の改訂内容に基づいてこの「実務指針」を改訂している。是非，これを参考にして自社の「会計監査人の監査の相当性を判断する基準」を見直してほしい。

なお，監査役等による会計監査人の評価はコーポレートガバナンス・コードでも求められ（補充原則3－2－①），開示内閣府令で評価の内容について有価証券報告書に記載することが規定されている。

一方で，会計監査人は経営者による内部統制の評価の監査の過程において統制環境の評価の一環として監査役等の監査の評価を行う。このように監査役等と会計監査人は相互に監査し合う関係にあることに留意する必要がある。

なお，会社法では第344条において「監査役設置会社においては，株主総会に提出する会計監査人の選任及び解任並びに会計監査人を再任しないことに関する議題の内容は，監査役が決定する」とされ，監査役の権限が強められている点に留意されたい。監査委員会，監査等委員会もこの権限を有する。

また，会計監査人に対する報酬が妥当なものであるかどうかという判断も，監査役等の権限の1つである。このためには，過去の監査の実態，監査計画が適切かどうか，監査の遂行と報告が十分な水準にあるかなどを検証し，それらが報酬に見合うものであるかどうかという判断をすることが必要になる。この観点からも，会計監査人に対する報酬について，有価証券報告書等を参考にしながら世の中一般，特に同業他社の状況を知っておくことも重要である。

会計監査人の報酬が世間一般の水準と比べて著しく低い場合には，会計監

査人のモチベーションを低下させ，実効的な監査の確保や監査の品質の維持が難しくなってくる可能性がある。現実には，このようなケースはまれであろうが，一応念頭に置いておくべきチェックポイントではある。

　また，会計監査人の報酬については，会計監査人の独立性確保という観点からも見ておく必要がある。長年にわたり，世間一般の水準から乖離した高額の報酬を受け取っていると，それを失うことをおそれて，経営者に対して公平で客観的な意見をいうことが難しくなってくる。

　一方で，会社の計算関係書類等や有価証券報告書等の財務報告書が，一般的に受け入れられている会計原則に従って，適正に作成されているかどうかということを検証するという共通の目的を達成するためには，監査役等と会計監査人との間で，それぞれの監査業務で得られた情報を交換することが，効果的で両者の監査効率の向上と監査品質の改善につながる[28]。また，監査役等にとっても，このような情報交換の過程で，会計監査人の監査の相当性について判断する材料を得ることができる。この点について，金融商品取引法の財務諸表に関する監査人の監査報告書に記載される「監査上の主要な検討事項（KAM：Key Audit Matters）について，監査人と監査役等は監査計画の段階から緊密なコミュニケーションをとることが要求されている。このKAMについては133ページで詳しく説明する。

　このKAMを規定した2018年7月の改訂監査基準では監査役等にとってもう1つ留意しておくべき点がある。それは，外部監査人の監査報告書および内部統制監査報告書において監査役等の責任を次のように明記することを定めたことである。

◆監査報告書：

「監査役等には，財務報告プロセスを監視する責任がある」

◆内部統制監査報告書：

「監査役等には，財務報告に係る内部統制の整備及び運用状況を監視，検証する責任がある」

　最後に，監査役等と会計監査人の間の情報交換の過程で特に注意しなければならないことを3点あげておこう。

　1つ目は，公認会計士の職業倫理に関する自主規制規範である倫理規則が2022年7月29日に改訂され，会計監査人の非保証業務について監査役の事前の了解を必要とされることになった点である。上述したように監査役は会計監査人の監査の方法および結果の相当性の判断を行う上で，会計監査人の独立性を確認することが求められており，非保証業務の提供が倫理規則に反していないかを確認することは，監査役等の善管注意義務となることに留意する必要がある。

　2つ目の点は，監査役等と会計監査人の間の情報交換の過程で，会計監査人から取締役の職務に関して不正の行為または法令や定款に違反する重大な事実がある旨の報告を監査役会，監査委員会，または監査等委員会において受けた場合には，審議の上，監査役等は，必要な調査を行い，取締役に対して助言または勧告を行うなどの必要な措置を講じなければならないという点である。

　3つ目の点は，金融商品取引法に基づく財務報告に係る内部統制の評価に対する会計監査人の監査に関して，監査役等は，特にリスク評価，監査重点項目について説明を受け，意見交換を行わなければならないという点である。新任の監査役等にとっては，就任後早い機会に会計監査人から，次のような点を聞き取っておくことが重要である。

・代表取締役および取締役の監査に対する姿勢や考え方など
・会社の過去の重大な指摘事項を含む監査結果
・会社の監査環境の一般的な状況など
・財務報告に係る内部統制の評価に関する懸念事項など

③会計監査人と内部監査部門

　会計監査人と内部監査部門の連携も両者にとって重要である。会計監査人が会計監査の過程で不正の兆候を発見した場合には，会計監査人は監査役等

に報告する義務がある。（会社法第397条）当然この情報は内部監査部門とも共有される。

　一方で，内部監査部門が適正な財務報告の作成に影響を及ぼすおそれのある不正の兆候，または不正を発見した場合には，第一義的には代表取締役に報告することになるが，上で述べたように監査役等への報告経路は確保されるべきである。また監査役等は，この情報を会計監査人に報告することになる。財務報告の適正性を監査する会計監査人にとっては広範な業務の監査は監査の主たる目的とはしていないので，このような情報は会計監査の有力な手掛かりとなる。

6．内部通報制度と監査役等

　最近，会社内部に不正行為を発見した従業員が，その事実を，取締役（会），監査役等あるいは会社内の内部監査やリスク管理部などに通報する社内通報制度を設ける会社が増えている。法制的にも，そのような内部通報者を解雇や配置転換などの不当な不利益から保護する「公益通報者保護法」が整備され，会社のリスク管理の実効性を高めている。

　このような内部通報制度によって，取締役等会社役員の不正な行為が発見された場合，監査役等が一次的情報の報告を受けなくても，多くの会社は最終的には，この情報が監査役等に報告されるような体制をつくっている。このような報告を受けた監査役等は，審議の上，必要な調査を行い，取締役（会）に対して助言又は勧告を行うなどの必要な措置を講じることになる。

　しかし，この内部通報制度には，次のような弱点もある。

・通報する者が，会社内部の人であるため，通報を密告ととられることをおそれること
・通報する者が，通報したことにより人事評価や人事異動などで不当な扱いを受けることをおそれること
・不正を働いた人との人間関係を考慮して，通報を躊躇すること

　こうした弱点を補うために，通報先を弁護士や専門のコンサルタントなどの第三者に委託している会社も多い。この場合，監査役等は委託された外部の弁護士やコンサルタントから，会社の不正に関する情報の報告を受けるようにしておく必要がある。

 監査役等に求められる新しい役割と課題

1．監査範囲の拡大

（1）コーポレートガバナンス・コードへの対応

　監査役等の監査の範囲は実務上，会社法が定める監査役等の責務を超えて以前より広範な領域をカバーすることが期待されるようになってきている。

　コーポレートガバナンス・コードは【原則4－4．監査役及び監査役会の役割・責務】において「（前半略），こうした機能を含め，その役割・責務を十分に果たすためには，自らの守備範囲を過度に狭く捉えることは適切でなく，能動的・積極的に権限を行使し，取締役会においてあるいは経営陣に対して適切に意見を述べるべきである。」として監査役により広い視野で取締役の職務の執行の監査を行うことを要求している。この点については，取締役である監査委員，監査等委員も同様である。

　コーポレートガバナンス・コードはさらに【原則1－6．株主の利益を害する可能性のある資本政策】で「支配権の変動や大規模な希釈化をもたらす資本政策（増資，MBO等を含む）については，既存株主を不当に害することのないよう，取締役会・監査役は，株主に対する受託者責任を全うする観点から，その必要性・合理性をしっかりと検討し，適正な手続を確保するとともに，株主に十分な説明を行うべきである。」として資本政策に関しても監査役の役割について言及している。

　2021年12月16日に改訂された日本監査役協会の監査役監査基準は，これを受けて，その第5条第4項で「独立役員に指定された社外監査役は，（中略）一般株主への配慮の観点から代表取締役及び取締役会に対して意見を述べる」

として，監査役に一般株主の立場に立った監査を要請している。

　さらに，コーポレートガバナンス・コードは【原則4－11．取締役会・監査役会の実効性確保のための前提条件】において「（前略）また，監査役には，適切な経験・能力及び必要な財務・会計・法務に関する知識を有する者が選任されるべきであり，特に，財務・会計に関する十分な知見を有している者が1名以上選任されるべきである。」として監査役に対し財務・会計・法務などの具体的な知見を要求している。

（2）複雑化，グローバル化する企業経営

　会社法では，内部統制システムについて「企業集団の業務の適正を確保するための体制」が明示的に規定され，監査役等の監査も企業グループ全体を視野に入れることが要請されている。特に，グローバルに事業を展開している企業グループにおいては，監査の範囲は途方もなく広がる。昨今，海外子会社における不祥事が親会社の経営を揺るがすという企業不祥事が頻発している。

　企業グループ経営についてはもう1つ重要な論点がある。それは親子上場に潜在する利益相反構造の問題である。このような利益相反が顕在化したとき社外取締役・監査役等は子会社の一般株主の利益が侵害されないための視点を常にもち，そのための適切な態勢がグループ経営の中で確立されているかどうかについて注意を払うべきである[29]。

　このような状況の中で，どのように実効的な企業グループ監査を行うかということは，監査役等にとって大きな課題である。この点については，会社法第389条第5項で監査役には子会社に対する調査権が認められている点を確認しておきたい。また，監査委員会，監査等委員会も同様の権限をもつ。

　このように監査のスコープが広がっているにもかかわらず監査資源が限られているという制約があるが，1つの解決策は，後述するように内部監査部門との連携であろう。

　さらにグループ経営については，2019年6月28日に経済産業省が，コーポ

レートガバナンス・コードの趣旨を敷衍し，グループガバナンスの在り方を
コードと整合性を保ちつつ示すことで，コードを補完するものとして「グル
ープ・ガバナンス・システムに関する実務指針」を公表していることに注意
したい。本実務指針の構成は次のようになっている。

1　はじめに（本ガイドラインの目的，位置付け，対象等）

2　グループ設計の在り方

3　事業ポートフォリオマネジメントの在り方

4　内部統制システムの在り方

5　子会社経営陣の指名・報酬の在り方

6　上場子会社に関するガバナンスの在り方

この中でも監査役等としては，「4　内部統制システムの在り方」「6　上
場子会社に関するガバナンスの在り方」については参考となることが多いの
でぜひ一読してほしい。

（3）非財務報告への対応

機関投資家，特に海外の機関投資家は企業のESG経営への取り組みや国連
のSDGs（持続可能な開発目標）等に大きな関心を寄せている。このテーマに
ついては155ページでも解説しているところであるが，これらのいわゆる非財
務情報は，アニュアルレポート，ホームページ，統合報告書などで開示される。
このような非財務情報の開示等についてもそれが会社の取組み状況を正しく
伝えているかが監査役等の業務監査の一部となる。このような取り組みに対
して監査役等がどこまで監査できるのかという点も監査役等の課題となって
いる。

非財務報告については187〜188ページでも説明しているように，2023年改
訂内部統制実施基準がこれまでの内部統制の目的の1つである「財務報告の
信頼性」を，非財務情報を含めた「報告」に変更している。

この非財務情報の開示については，コーポレートガバナンス・コードの補

充原則3－1③では，次のことを上場会社に要求している。

・経営戦略の開示に当たって，自社のサステナビリティについての取り組みを適切に開示すべき。

・人的資本や知的財産への投資等についても，自社の経営戦略・経営課題との整合性を意識しつつわかり易く，具体的に情報を開示・提供すべき。

・プライム市場上場会社は，気候変動に係るリスクおよび収益機会が自社の事業活動や収益等に与える影響について，必要なデータの収集と分析を行い，国際的に確立された枠組みであるTCFDまたはそれと同等の枠組みに基づく開示の質と量の充実を進めるべきである。

ここで指摘されているサステナビリティやTCFDへの取り組みについては第5章2「3．サステナビリティ経営，ESG，SDGsへの挑戦」（155～159ページ）で再度説明する。

2．監査上の主要な検討事項（KAM）の開示と監査役等の役割

「監査上の主要な検討事項」（KAM：Key Audit Matters）は，監査人（外部会計監査人）が当年度の財務諸表の監査において特に重要であると判断した事項で，監査役等と協議した事項の中から選択される。KAMについての記載は，2020年3月期決算財務諸表監査から一部上場会社等で早期適用され，2021年3月期決算財務諸表監査から強制適用される。

KAMの記載は，監査人が実施した監査の透明性を向上させ，監査報告書の情報価値を高めることにその意義がある。

KAMの導入で先行する英国では，監査人が提示したKAMにAudit Committee がどのように対処したかAudit Committee Reportに記載する実務が定着している。

監査役等は，監査人の監査計画段階からKAMの候補となる事項について監査人と協議し，それらの事項が財務諸表注記等において開示されているか，それらの事項に係る内部統制やリスク・マネジメントが適切に行われている

か，といったことを確認する必要がある。さらに，KAMとして取り上げられた事項との関連で，有価証券報告書に記載される「事業等のリスク」や「監査役等の活動状況」（主な検討事項，その他）が適切に記載されていることを確認する必要がある。

3．監査環境の整備と内部監査部門との連携

前述したように，監査役等の監査の範囲は以前にも増して広がっているが，監査役等の監査資源は限られている。会社法の内部統制システムの規定でも，監査役補助使用人を含む監査役等の監査環境を整備することに十分考慮が払われているが，現実とのギャップは大きい。

この状況の中で実効的な監査を行うためには，監査役等が内部監査部門と連携して監査を行うということが現実的な解決策となるであろう。ここで問題になるのが内部監査部門を監査役等がどの程度指揮命令できるかという点である。内部監査部門は通常，社長の指揮命令系統下に置かれており監査役等がそこに監査役等の監査の視点で割り込んで行くのはそれほど易しいことではない。しかし，特に大きな問題のない平時の状況であれば，実務的には監査役等と内部監査部門が監査計画や実際の監査ヒアリング，監査報告の場面等で協働することは十分可能であるし効果的である。

問題は，不正の兆候が見られその不正の兆候に対し社長と監査役等の意見が異なる場合である。そのような場合には当然，監査役等と内部監査では監査の視点が異なるか，同じである場合でも内部監査部門は社長の意向に反して監査を行うことが難しくなる。実際に起きた企業不正は，このような不正の兆候に対して社長や経営幹部の意向が内部監査に影響を及ぼしたか，内部監査が機能しなかったケースが多い。

そのような監査の機能不全を解決するには，内部監査部門に対して監査役等が社長と並行して指揮命令系統を保持する態勢が望ましいと思われる。しかしながら，内部監査部門が業務執行に属する企業の任意の組織であるかぎり，このような解決策は個々の企業の経営者の意向に拠ることになるので，

監査役等の内部監査部門に対する指揮命令系統を何らかの形で確保されるよう手当される枠組みが望まれる。

　この点に関して，コーポレートガバナンス・コードでは2021年6月の改訂で新設された【補充原則4-13③】において次のように上場会社に要請している。

　「上場会社は，取締役会及び監査役会の機能発揮に向け，内部監査部門がこれらに対しても適切に直接報告を行う仕組みを構築すること等により，内部監査部門と取締役・監査役との連携を確保すべきである。（以下，省略）」

　ここから，さらに進んで監査役等が内部監査部門を直接指揮命令する体制をとることができれば監査の実効性はより高まるであろう。

　ここで述べた内部監査部門の報告経路の状況については，有価証券報告書において開示することが義務づけられている（109ページ）。

４．コロナ禍での監査環境の変化と対応

　2020年初頭から始まったコロナウイルスのまん延は，社会全体に大きな影響を与えたが，監査についても監査役監査に限らず会計監査，内部監査の監査環境にも悪影響を及ぼした。特に，監査における重要な手段であるコミュニケーションが阻害されたことの影響は大きい。本社から離れた事業所や支店，また海外子会社への往査などは著しく制約された。

　一方で，ウェブ会議などのリモートでの対話が可能となり，かつ書類なども重要な書類は電子ファイル化されているものが多くリモートでの閲覧も容易になっているという点は，この悪影響をある程度補っているといえる。

　このような技術革新は，コロナ禍が終焉した後も，監査の有力な手段として活用されよう。会計監査の世界では大手の監査法人はデジタル監査の手法がすでに取り入れられており，監査の品質と効率性も上がってきている。会社の監査役等の監査，内部監査においてもデジタル化の進展により新しい技術が利用できるようになるであろう。監査役等としても，このような技術革新にキャッチアップする努力が望まれる。

1）American Accounting Association, A Statement of Basic Concepts, AAA, 1973, page2（青木茂男監訳，鳥羽至英訳「基礎的監査概念」国元書房，1982年，3ページ）
　原文："A systematic process of objectively obtaining and evaluating evidence regarding assertions about economic actions and events to ascertain the degree of correspondence between those assertions and established criteria and communicating the results to interested users."

2）会社法施行規則第124条第4号二
　　当該事業年度中に当該株式会社において法令または定款に違反する事実その他不当な業務の執行（当該社外役員が社外監査役である場合にあっては，不正な業務の執行）が行われた事実（重要でないものを除く。）があるときは，各社外役員が当該事実の発生の予防のために行った行為および当該事実の発生後の対応として行った行為の概要

3）この社外監査役の役割については日本監査役協会の「監査役監査基準」第5条に社外監査役についての特別の規定がある。
　第5条
　1．社外監査役は，監査体制の独立性および中立性をいっそう高めるために法令上でその選任が義務づけられていることを自覚し，積極的に監査に必要な情報の入手に心掛け，得られた情報を他の監査役と共有することに努めるとともに，他の監査役と協力して監査の環境の整備に努める。また，他の監査役と協力して第37条第1項に定める内部監査部門等及び会計監査人との情報の共有に努める。
　2．社外監査役は，その独立性，選任された理由等を踏まえ，中立の立場から客観的に監査意見を表明することが特に期待されていることを認識し，代表取締役および取締役会に対して忌憚のない質問をし又は意見を述べなければならない。
　3．社外監査役は，法令で定める一定の活動状況が事業報告における開示対象になることも留意し，その職務を適切に遂行しなければならない。
　4．独立役員に指定された社外監査役は，一般株主の利益ひいては会社の利益（本状において「一般株主の利益」という。）を踏まえた公平で公正な経営の意思決定のために行動することが特に期待されていることを認識し，他の監査役と意見交換を行うとともに他の監査役と協働して一般株主との意見交換等を所管する部署と情報の交換を図り，必要と認めたときは，一般株主への配慮の観点から代表取締役及び取締役会に対して意見を述べる。

4）民法第643条（委任）
　委任は，当事者の一方が法律行為をすることを相手方に委託し，相手方がこれを承諾することによって，その効力を生ずる。
　民法第644条（受任者の注意義務）
　受任者は，委任の本旨に従い，善良な管理者の注意をもって，委任事務を処理する義務を負う。

5）会社法第330条
　株式会社と役員および会計監査人との関係は，委任に関する規定に従う。

6）判例（最高裁判所大法廷・判決－昭45年6月24日第24巻6号625頁－八幡製鉄政治献金事件）

　「商法二五四条ノ二の規定（忠実義務-筆者注）は，商法二五四条三項民法六四四条に定める善管義務を敷衍し，かつ，いっそう明確にしたにとどまるのであって，所論のように，通常の委任関係に伴う善管義務とは別個の，高度な義務を規定したものとは解することができない。」

7）会社法第382条第1項

　監査役は，取締役が不正の行為をし，もしくは当該行為をするおそれがあると認めるとき，または法令もしくは定款に違反する事実もしくは著しく不当な事実があると認めるときは，遅滞なく，その旨を取締役（取締役会設置会社にあっては，取締役会）に報告しなければならない。

会社法第383条第2項

　監査役は，前条に規定する場合において，必要があると認めるときは，取締役（第366条第1項ただし書に規定する場合にあっては，招集権者）に対し，取締役会の招集を請求することができる。

会社法第383条第3項

　前項の規定による請求があった日から5日以内に，その請求があった日から2週間以内の日を取締役会の日とする取締役会の招集の通知が発せられない場合は，その請求をした監査役は，取締役会を招集することができる。

会社法第385条第1項

　監査役は，取締役が監査役設置会社の目的の範囲外の行為その他法令もしくは定款に違反する行為をし，またはこれらの行為をするおそれがある場合において，当該行為によって当該監査役設置会社に著しい損害が生ずるおそれがあるときは，当該取締役に対し，当該行為をやめることを請求することができる。

8）清算株式会社において清算の遂行に著しい支障を来すべき事情があること，または債務超過の疑いがあることを裁判所が認めた時は，会社法第514条の規定に基づいて，申立てにより，裁判所は当該清算株式会社に対し特別清算の開始を命じる。

　特に，上場会社の監査役等は，会社法施行規則により，会社に不正な業務の執行があった場合には，監査役等がその発生の予防のために行った行為およびその発生後の対応として行った行為などについて情報開示をすることが義務づけられていることに注意する必要がある（「2．監査役等の役割」66ページ参照）。

9）会社法第386条第1項

　（前略）監査役設置会社が取締役（取締役であった者を含む。以下この条において同じ。）に対し，または取締役が監査役設置会社に対して訴えを提起する場合には，当該訴えについては，監査役が監査役設置会社を代表する。

10）会社法第390条第2項

　監査役会は，次に掲げる職務を行う。ただし，第三号の決定は，監査役の権限の行使を妨げることはできない。

　一　監査報告の作成

　二　常勤の監査役の選定および解職

　三　監査の方針，監査役会設置会社の業務および財産の状況の調査の方法その他の監査役の職務の執行に関する事項の決定

11)（監査等委員会による調査）

　第三百九十九条の三（1項〜3項省略）

　第4項　第一項及び第二項の監査等委員は，当該各項の報告の徴収又は調査に関する事項についての監査等委員会の決議があるときは，これに従わなければならない。

　（監査委員会による調査）

　第四百五条（1項〜3項省略）

　第4項　第一項及び第二項の監査委員は，当該各項の報告の徴収又は調査に関する事項についての監査委員会の決議があるときは，これに従わなければならない。

12) 会社法第423条第1項

　取締役，会計参与，監査役，執行役または会計監査人（以下条文どおり「役員等」という）は，その任務を怠ったときは，株式会社に対し，これによって生じた損害を賠償する責任を負う。

　会社法第424条

　前条（第423条）第1項の責任は，総株主の同意がなければ，免除することができない。

13) 会社法第429条

　役員等がその職務を行うについて悪意または重大な過失があったときは，当該役員等は，これによって第三者に生じた損害を賠償する責任を負う。

　2　次の各号に掲げる者が，当該各号に定める行為をしたときも，前項と同様とする。ただし，その者が当該行為をすることについて注意を怠らなかったことを証明したときは，この限りでない。

　一　取締役および執行役　次に掲げる行為

　　イ　株式，新株予約権，社債もしくは新株予約権付社債を引き受ける者の募集をする際に通知しなければならない重要な事項についての虚偽の通知または当該募集のための当該株式会社の事業その他の事項に関する説明に用いた資料についての虚偽の記載もしくは記録

　　ロ　計算書類および事業報告並びにこれらの附属明細書ならびに臨時計算書類に記載し，または記録すべき重要な事項についての虚偽の記載または記録

　　ハ　虚偽の登記

　　ニ　虚偽の公告（第440条第3項に規定する措置を含む。）

　二　会計参与　計算書類およびその附属明細書，臨時計算書類ならびに会計参与報告に記載し，または記録すべき重要な事項についての虚偽の記載または記録

　三　監査役，監査等委員および監査委員　監査報告に記載し，または記録すべき重要な事項についての虚偽の記載または記録

　四　会計監査人　会計監査報告に記載し，または記録すべき重要な事項についての虚偽の記載または記録

14) 平成12年9月大和銀行株主代表訴訟乙事件に関する大阪地方裁判所判決文の一部「会社

経営の根幹に係るリスク管理体制の大綱については，取締役会で決定することを要し，業務執行を担当する代表取締役及び業務担当取締役は，大綱を踏まえ，担当する部門におけるリスク管理体制を具体的に決定するべき職務を負う。この意味において，取締役は，取締役会の構成員として，また，代表取締役又は業務担当取締役として，リスク管理体制を構築するべき義務を負い，さらに，代表取締役及び業務担当取締役がリスク管理体制を構築するべき業務を履行しているか否かを監視する義務を負うのであり，これもまた，取締役としての善管注意義務及び忠実義務の内容をなすものと言うべきである」

15）例えば，一口に監査といっても，会計検査院による国の機関に対する監査，地方公共団体に対する監査委員による監査，私立学校振興助成法に基づく私立学校の監査（検査），政党助成法に基づく政党の監査などさまざまな監査がある。

16）金融商品取引法に基づく報告書である。

17）日本監査役協会の監査役監査基準第８条第２項
　　監査役会は，その決議によって監査役の中から議長を定める。監査役会の議長は，監査役会を招集し運営するほか，監査役会の委嘱を受けた職務を遂行する。ただし各監査役の権限の行使を妨げるものではない。

18）株主が提出しようとする議案の数については，①から④までに定めるところによるものとする。
　①　取締役，会計参与，監査役又は会計監査人（以下「役員等」という）の選任に関する議案
　　当該議案の数にかかわらず，これを一の議案とみなす。
　②　役員等の改案に関する議案
　　当該議案の数にかかわらず，これを一の議案とみなす。
　③　会計監査人を再任しないことに関する議案
　　当該議案の数にかかわらず，これを一の議案とみなす。
　④　定款の変更に関する二以上の議案
　　　当該二以上の議案について異なる議決がされたとすれば当該議決の内容が相互に矛盾する可能性がある場合には，これらを一の議案とみなす。

19）会社法第384条
　　監査役は，取締役が株主総会に提出しようとする議案，書類その他法務省令で定めるものを調査しなければならない。この場合において，法令もしくは定款に違反し，または著しく不当な事項があると認めるときは，その調査の結果を株主総会に報告しなければならない。

20）日本監査役協会の監査役監査基準第64条
　　（前略）また，監査役は監査役の説明責任を果たす観点から，必要に応じて株主総会において自らの意見を述べるものとする。

21）会社法第314条
　　取締役，会計参与，監査役および執行役は，株主総会において，株主から特定の事項について説明を求められた場合には，当該事項について必要な説明をしなければならない。ただし，当該事項が株主総会の目的である事項に関しないものである場合，その説明をす

ることにより株主の共同の利益を著しく害する場合その他正当な理由がある場合として法務省令で定める場合は，この限りでない。

日本監査役協会の監査役監査基準第64条第 2 項

　監査役は，株主総会において株主が質問した事項については，議長の議事運営に従い説明する。

22）会社法第436条第 2 項

　会計監査人設置会社においては，次の各号に掲げるものは，法務省令で定めるところにより，当該各号に定める者の監査を受けなければならない。

一　前条第 2 項の計算書類およびその附属明細書　監査役（監査等設置会社にあっては監査等委員会，指名委員会等設置会社にあっては，監査委員会）および会計監査人

二　前条第 2 項の事業報告およびその附属明細書　監査役（監査等委員会設置会社にあっては監査等委員会，指名委員会等設置会社にあっては監査委員会）

23）特定監査役および特定取締役については93ページ「もう少し説明⑦」を参照してください。

24）同じ会計監査人が内部統制報告書を監査し，内部統制監査報告書を作成する。また，内部統制報告書に対する監査役による監査については，金融商品取引法の義務ではないが，会社全体の内部統制の状況に対する監査の一環として監査する必要があると理解しておくべきであろう。これについては，「7．内部統制の監査における社外監査役の関わり方（200ページ参照）」で説明する。

25）監査基準委員会報告書720「その他の記載内容に関連する監査人の責任」2021年 1 月14日

26）「確認書」とは，財務報告が正確である旨を経営者が確認した書類を意味する。

27）会社法は，社会的影響の大きい会社が公表する計算関係書類等の信頼性を確保するために，大会社（資本金 5 億円以上または負債総額200億円以上の会社），指名委員会等設置会社，監査等委員会設置会社，任意に定款で会計監査人設置を定めた会社に対して，会計監査人（公認会計士またはその集団である監査法人）を置くことを義務づけている。

28）監査役と会計監査人の連携については，日本監査役協会・会計委員会による「会計監査人との連携に関する実務指針」（平成26年 4 月）や，日本監査役協会・日本公認会計士協会による「監査役等と監査人との連携に関する共同研究報告」（2018年 1 月）といったものがあるので参考にしていただきたい。

29）グループ経営におけるグループガバナンスについては，2019年 6 月28日に経済産業省が「グループ・ガバナンス・システムに関する実務指針」（グループガイドライン）を公表しているので参照されたい。

◆第2編◆

各論（実践編）

第 5 章

企業価値創造に資する
経営モニタリングと
社外取締役・監査役等の役割

企業価値創造のためのモニタリング

1．企業価値とは何か

　企業価値創造ということを議論する場合，企業価値とは何かを定義しておく必要がある。本書で特にことわり書きなく企業価値という場合にはストックとしての価値を指す。そしてストックとしての価値には金額で評価できる価値と金額で評価することが難しい価値がある。これに対して毎年企業活動から生み出されるフローとしての価値がある。このフローとしての価値が蓄積されることにより金額で評価することができるストックとしての価値が増加していくことになる。これが最も基本的な企業価値創造のプロセスである。

　会社の事業活動からフローとして生み出される価値にはフリー・キャッシュフローがある。これは，一会計年度に会社が事業活動から生み出した自由に使える現金である。具体的には，営業活動が生み出したキャッシュフローから投資に伴うキャッシュフローを差し引いたキャッシュフローである。フローであるから必ずしもプラスになるとは限らない。マイナスの場合は，その会計年度の事業活動の結果現金が出ていったことを示している。

　フローとしての価値にはこの他に当期純利益とそこから株主資本コストを差し引いたEVA®（経済的付加価値）などの価値がある。この2つの価値はいずれも原価償却費などの会計上の数字を含んでいることに留意する必要がある。したがって実際に使えるお金という意味では企業が生み出すフローとしての価値はフリー・キャッシュフローが合理性をもつ。

　企業価値にはいくつかの物差しがある。1つの企業価値の考え方としては，資産，負債の時価を直接評価することにより，時価ベースの純資産を企業価値とする考えもある。これはいわゆる清算価値と呼ばれる。

　もう1つはその会社が上場している場合で，株式市場において評価される株価に基づく株式時価総額である。これは発行済株式に株価を乗じたものである。一般的に株主を意識して企業価値を語るときにはこの株式時価総額を

指すことが多い。この株式時価総額は株式市場でその株が異なる株価で取引されるごとに変動する。

　企業は事業継続を前提として活動をしているので，将来にわたって毎年生み出される価値であるフリー・キャッシュフローの現在価値が集積されたものを現在のその会社の企業価値であるという考え方が一般的である。株式市場における株式時価総額もその会社の将来のフリー・キャッシュフローを生みだす力を株式市場が評価したものであると考えると事業継続を前提とした企業価値であるといえよう。しかし，清算価値は将来の事業継続を前提としていないので本書の目的にそぐわない。本書では，企業価値創造という場合，そのように将来より多くのフリー・キャッシュフローを生み出すことを指す。

　一方で，金額で表すことのできない価値がある。これは非財務価値と呼ばれる。この非財務価値を生み出す源泉になる資本は非財務資本と呼ばれており，中長期的な将来にわたって財務価値，具体的にはフリー・キャッシュフローを生み出すと考えられる。この資本は国際統合報告評議会[1]によって次のように定義され，重要度に応じて統合報告書で開示することを求めている。このうち，②製造資本以下が非財務資本とされる。

①財務資本：

　・組織が製品を生産し，サービスを提供する際に利用可能な資金

　・借入，株式，寄付などの資金調達によって獲得される，または事業活動もしくは投資によって生み出された資金

②製造資本：

　製品の生産又はサービス提供に当たって組織が利用できる製造物。

　・建物，設備

　・インフラ（道路，港湾，橋梁，廃棄物および水処理工場など）

③知的資本：

　組織的な，知識ベースの無形資産

　・特許，著作権，ソフトウェア，権利およびライセンスなどの知的財産権

　・暗黙知，システム，手順及びプロトコルなどの「組織資本」

④人的資本：

　人々の能力，経験及びイノベーションへの意欲

　・組織ガバナンス・フレームワーク

　・リスク管理アプローチおよび倫理的価値への同調と支持

　・組織の戦略を理解し，開発し，実践する能力

　・プロセス，商品及びサービスを改善するために必要なロイヤリティおよび意欲であり，先導し，管理し，協調するための能力を含む。

⑤社会・関係資本：

　個々のコミュニティ，ステークホルダー・グループ，その他のネットワーク間又はそれら内部の機関や関係，及び個別的・集合的幸福を高めるために情報を共有する能力。

　・共有された規範，共通の価値や行動

　・主要なステークホルダーとの関係性，および組織が外部のステークホルダーとともに構築し，保持に努める信頼および対話の意思

　・組織が構築したブランド及び評判に関連する無形資産

　・組織が事業を営むことについての社会的許諾（ソーシャル・ライセンス）

⑥自然資本：

　組織の過去，現在，将来の成功の基礎となる物・サービスを提供する全ての再生可能及び再生不可能な環境資源及びプロセス。

　・空気，水，土地，鉱物及び森林

　・生物多様性，生態系の健全性

（国際統合報告評議会「国際統合報告フレームワーク　日本語訳2021年１月」より）

　これらの非財務価値は相互に作用しながら中長期的に財務価値，具体的にはフリー・キャッシュフローを生み出すと考えられる。ESG経営やSDGsへの取り組みも上記の非財務価値を高める活動である。経営の基本方針と戦略を決め，それに伴うリスクを適正に管理するかたちでコーポレートガバナン

スが効果的に働くことも将来のフリー・キャッシュフローを生み出す力の源泉となるという意味で，コーポレートガバナンスは企業価値創造に貢献しているのである。これが「企業価値向上を目指す経営モニタリングの基礎と実践」という本書の副題の意味するところである。

　第1編においては，会社法やその他の法令で定められている職務について基本的なところを説明したが，この第2編ではそれを前提にして，企業価値創造のためには独立社外取締役および監査役は具体的にどのようにその職務を執行しなければならないのか，そのためにはどのような基本的知識を身につけなければならないかを説明する。

　ここで議論した企業価値はコーポレート・ファイナンスの重要な概念である。企業価値を含むコーポレート・ファイナンスのいくつかの重要な概念の説明は巻末に付録として記載している。

２．株主資本とステークホルダー

　「会社は誰のものか」という議論を巡っては，最近では「会社は株主だけのものではない。会社に関係するあらゆるステークホルダーの利害のバランスを考えるべきで株主優先にすべきではない。」という議論が一般的である（米国のラウンドテーブルが株主第一資本主義からステークホルダー資本主義に転換したことを説明した11ページ参照）。

　確かにそのとおりではあるが，会社がその資本金を使って事業を営む以上，その資本金を預託した株主の権利は第一義的なものである。コーポレートガバナンス・コードでもその「基本原則2　株主以外のステークホルダーとの適切な協働」で「上場会社は，会社の持続的な成長と中長期的な企業価値の創出は，従業員，顧客，取引先，債権者，地域社会をはじめとするさまざまなステークホルダーによるリソースの提供や貢献の結果であることを十分認識し，これらのステークホルダーとの適切な協働に務めるべきである」としているが，一方で「基本原則1　株主の権利・平等性の確保」において「上場会社は，株主の権利が実質的に確保されるよう適切な対応を行うとともに，

株主がその権利を適切に行使できる環境の整備を行うべきである。」と株主の権利の重要性を指摘している。

　この株主の権利の中でも最も重要なものの１つが，株主が預託した資金がどのように使われているかを知る権利である。しかし，日本の経営者は，これまで株主が提供した資金がどのように使われているかということに関し，株主が具体的にどのような情報を知りたがっているかということにそれほど理解を示していなかった。

　2014（平成26）年８月に経済産業省の「持続的成長への競争力とインセンティブ～企業と投資家の望ましい関係構築」プロジェクトの最終報告書（伊藤レポート）はこの点に関し，「『資本コスト』とROEをめぐる認識のミス

■図表５－１　企業と投資家が重視する経営指標の比較

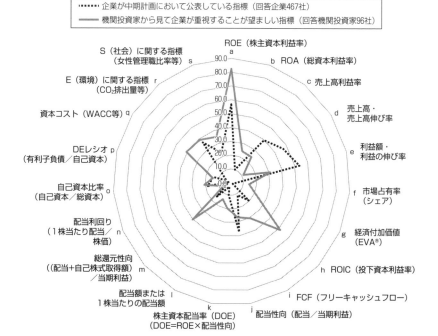

出所：日本生命保険協会「株式価値向上に向けた取り組みについて」アンケート調査（2022年度版）より。

マッチ」（論点3.2）で「多くの投資家は企業評価の最も重要な指標の1つとしてROEをとらえている」が「企業側はROEを重要な指標として認識していても，必ずしも最重要視しているわけではない。実際の経営指標として現場に落とし込みにくいことや（無借金経営を是とする考え方もあって）レバレッジの考え方が馴染まないことが理由として挙げられる」と指摘している。事実，筆者も「毎月の取締役会でROEが議論されることはあまりない。議論されるのは多くの場合，売上高，営業利益，経常利益，純利益などである」と多くの経営者がいうのを聞いている。

　このことを実証しているアンケート調査を見てみよう。ここにあげる例は，会社の経営陣が重要視する経営指標と機関投資家が重要視する経営指標に大きな差があるという例である。言い換えると，経営者の視点が株主の視点と相当にずれているということの例である。図表5－1は日本生命保険協会が上場企業と，機関投資家に対して行った「株式価値向上に向けた取り組みについて」（2022年度版）というアンケートの結果の一部を筆者がそのデータをもとにレーダーグラフにしたものである（回答者数は企業467社，機関投資家96社）。この図は，企業が中期計画において公表している経営指標と機関投資家が株式価値向上に向け企業が重視することが望ましいと考えている経営指標を比較したものである。これによると，企業が中期経営計画において重要と考える経営指標と投資家が重要であると考える経営指標には大きなズレがあることが明確にわかる。

　このアンケート結果を見ると企業と投資家が重視する経営指標に大きな差があることがわかる。具体的には，株主資本の効率の指標としてのROEについては，回答した機関投資家の約83％とほとんどの機関投資家が重視するのに対して回答した企業の60％しか中期経営計画においてROEの目標を公表していない。また，株主に報いる指標の1つである，配当に自己株式取得を加えた株主還元額を当期利益で除した総還元性向では，約40％の機関投資家が重要であると答えているのに対して，この指標を中期経営計画において公表している企業はわずか14％である。また，企業価値創造を測る上で重要

な役割を果たす資本コストについては，40%の機関投資家が重要であると答えているのに対して，この指標を中期経営計画において公表している企業はわずか3%である。

逆に，企業が中期経営計画で公表していると答えた比率が高い指標は，利益額・利益の伸び率（53%），売上高・売上高の伸び率（46%）である。これらは企業が持続的に成長していくために最も重要な指標であるが，企業および機関投資家が重要であると答えた割合は，それぞれ30%，10%と開きがある。

このアンケート結果は企業価値創造とステークホルダーとの関係を考える上できわめて興味深い事実を示している。経営者はその中期計画において売上高・売上高の伸び率，利益額・利益額の伸び率，売上高利益率を重要と考えて公表しているのに対し，機関投資家は圧倒的に資本効率の指標であるROEを重視している。資本効率のもう1つの指標であるROIC（投下資本利益率）についても，機関投資家の51%が重要であると答えているのに対し企業の経営者が中期計画でROICを公表している企業の割合は18%と低いことがわかる。

売上高の成長というのは，いうまでもなく企業業績の指標として最も重要なものの1つであり企業価値の源である。経営者が中期経営計画においてそれを重視して公表しているのは当然のことであるが，経営者はより資本効率と資本コストを意識した経営に舵をとり，企業価値の効率的な創造を目指すことを機関投資家から求められている。

3．企業価値創造の源泉としての効率性－ROEと資本コスト

売上高というパイを顧客からもらい，それを取引先，従業員，債権者，国および地域社会でそれぞれのステークホルダーが分かち合い最後に残った純利益から株主が配当を受け取るというのがステークホルダー間の関係である。したがって，売上高のパイを拡大していけばステークホルダー間の分配率が変わらないかぎりすべてのステークホルダーがより多くの成果を享受できる

のである。

　しかしながら，株主とその他のステークホルダーの間の関心の置き所の違いは，株主・投資家は，売上高や利益を達成するために株主の預託したお金がどのように効率的に使われているかに関心をもつということである。別の言葉でいえば株主資本の効率性に大きな関心をもつのである。その代表的な指標がROE（株主資本利益率）である。しかしながら上記のアンケート結果によると，経営者はこの指標に株主ほどには関心を示していない。

　その株主資本の効率性に対してその物差しとなるものが株主資本コストである。経営者はこの株主資本コストを上回る株主資本の効率性を達成する責任がある。つまり，株主資本コストを上回るROEを達成できて初めて経営者は株主に対して企業価値を創造することができたということができる。しかしながら前述の調査でも，この資本コストに関する経営者の関心は極めて薄いことが示されている。

　それではこの株主資本コストとは何であろうか。債権者から提供してもらった借入金に対して利子という報酬を払うと同様に，株主が預託した株主資本に対してもその報酬を返さなければならない。これが株主資本コストである。投資家の立場から見れば，株主資本コストとはその会社の株式に資金を投資した場合に投資家が期待する収益率である。投資家は投資する会社のリスクをとるので，その期待収益率は代替投資の対象となる無リスクの資産の利回り（リスクフリー・レート）にその会社の株価のリスク・プレミアムを加えたものを上回る必要がある。つまり無リスクの資産の利回り，具体的には国債の利回りにその会社の株価のリスク・プレミアムを加えたものが期待収益率である。

　この株主資本コストの推定については，誰の目から見ても客観的な株主コストを計算することはできない。現在，一般的に使われる手法にはCAPMモデル（Capital Asset Pricing Model）と呼ばれる手法があるが，これも計算する者の裁量によってその結果に違いが出てくる。

　ここで，重要な点は，経営者は株主が投資する資金に対して，毎年，市場

が期待する収益率を上回る資本効率を上げなければならないという自覚をもつことである。そうでなければ，その会社へ投資する投資家は減り株価は下がるであろう。つまり企業価値の1つの指標である株式時価総額は減り，いわゆる株主資本の価値は毀損される結果となる。

　さらに経営者は借入に対する報酬，すなわち利子を払わなければならない。有利子負債（借入金）コスト（利子）と株主資本コストをあわせたものを資本コストという。これは有利子負債コストと株主資本コストをそれぞれの額で加重平均したものであり，正確には加重平均資本コスト（Weighted Average Cost of Capital: WACC）と呼ばれるが，ここではそれを単純化して資本コストと呼ぶ。この資本コストは投下資本の効率性を示す投下資本利益率（ROIC）に対する収益性の指標となる（264〜272ページ参照）。

　ステークホルダーの利害を重視すると，より高いROEの実現と従業員や取引先等の株主以外のステークホルダーの利益とのバランスをとることも，重要な経営者の責任である。この2つの責任を全うするために最も重要な概念は経営の効率性である。この2つの責任を全うすることができて初めてコーポレートガバナンス・コードの「基本原則1　株主の権利・平等性の確保」と「基本原則2　株主以外のステークホルダーとの適切な協働」を両立することができるのである。これが経営者の最大の責任であり，社外取締役・監査役等は経営者がこの責任を果たすためにどのような努力をしているかということをモニタリングする責任がある。これが企業価値創造のためのモニタリングの意味するところである。

　ここで述べた資本コストを意識した経営に関しては，コーポレートガバナンス・コードの原則5—2の中で「自社の資本コストを的確に把握した上で，……（中略）……収益力・資本効率等に関する目標を提示し」と重要性を指摘している。さらに2021年6月に改訂された「投資家と企業の対話ガイドライン」でも「経営陣が，自社の事業のリスクなどを適切に反映した資本コストを的確に把握しているか。その上で，持続的な成長と中長期的な企業価値の向上に向けて，収益力・資本効率等に関する目標を設定し，資本コストを

意識した経営が行われているか。また，こうした目標を設定した理由が分かりやすく説明されているか。中長期的に資本コストに見合うリターンを上げているか。」という対話の論点を提示している。

この点については最近，東京証券取引所が上場企業に対して強く働きかけている。具体的には，2023年3月31日に「資本コストや株価を意識した経営の実現に向けた対応について」という文書でプライム市場およびスタンダード市場の上場企業に対し対応を要請している。

具体的には，「プライム市場の約半数，スタンダード市場の約6割の上場会社がROE8％未満，PBR1倍割れと，資本収益性や成長性といった観点で課題がある状況」と指摘した上で，「自社の資本コストや資本収益性を的確に把握」し，それに基づいて市場評価も含めて取締役会で現状分析・評価を行うことを第1のステップとして要請している。第2ステップとして，計画を策定しそれを開示することを要請している。その内容は，「改善に向けた方針や目標・計画期間，具体的な取組みを取締役会で検討・策定」し，「その内容について，現状評価とあわせて，投資者にわかりやすく開示」することである。さらに第3ステップとしてはこの計画の実行とその状況を随時株主・投資家との対話を通じて開示していくことである。その後は，さらに現状分析の第1ステップに戻って改善を重ねていくことを要請している。

この開示については十分に時間をとって対応することが重要であるとの観点で開始時期を決めていないが，2023年10月24日の「資本コストや株価を意識した経営の実現に向けた対応について」という文書でその後の開示の状況を公表している。それによるとプライム市場の31％（379社）が開示をしている。ただし，そのうち11％（137社）は「検討中」という開示なので実際に取り組み等を開示した企業は20％（242社）となっている。

また，この資料ではPBR（株価純資産倍率）の状況も開示されている。それによると，PBR1倍割れがプライム市場の50％（922社），スタンダード市場の64％（934社）と半数以上の上場企業がPBR1倍割れという状況で資本効率の低さが目立っている。ちなみに，PBR1倍割れの企業の割合を市場別に

比較すると，米国（S&P500）5％，欧州（STOXX600）24％に対して，日本（TOPIX500）は43％となっている。

　ここで議論したROE，PBR，ROICおよび資本コストはコーポレート・ファイナンスの重要な概念である。ROE，PBR，ROICおよび資本コストを含むコーポレート・ファイナンスのいくつかの重要な概念の説明は「企業価値と資本コストについて」と題して巻末に付録として記載している。

企業価値創造に資する社外取締役・監査役等の役割

1．取締役会の新しい挑戦

　コーポレートガバナンスの質の向上がさらに求められるにつれて取締役会が新しく挑戦していく課題もより難しいものになっている。「第3版へのはしがき」でも列挙したが再掲すると次のようなものがある。

　　①パーパス経営への挑戦
　　②サステナビリティ経営（人的資本，ESG，SDGs）への挑戦
　　③ダイバーシティ，最適な取締役会の構成とスキル・マトリックス
　　④指名委員会・報酬委員会の設置と運営をどうするか
　　⑤社外取締役の役割についてどのように定義するか
　　⑥取締役会の実効性評価をどのように行うか

　ここでそれぞれの課題について取り上げるが，このうち⑤の「社外取締役の役割についてどのように定義するか」という点については第3章「2　社外取締役の役割」（48ページ）を参照してほしい。

2．パーパス経営への挑戦

　世界経済フォーラム（WEF）は2019年12月，第4次産業革命における企業の普遍的な目的として「ダボスマニフェスト2020」を公表した。そこでは，「企業の目的は，全てのステークホルダーを，共有された持続的な価値創造

に関与させることであり，このような価値を創造する上で，企業は，株主だけでなく，従業員，顧客，サプライヤー，地域社会，そして社会全体の全てのステークホルダーに価値を提供する」という内容がまとめられている。その後，2020年1月21日から24日にかけて開催された世界経済フォーラム（WEF）年次会合において，今後の50年に向けた「ステークホルダーがつくる，持続可能で結束した世界」が統一テーマに設定され「ダボスマニフェスト2020」の内容が議論された。そこでは第四次産業革命における「企業の普遍的な存在意義」をパーパスという言葉で表現している。

　一橋ビジネススクールの名和高司客員教授によれば，これからの企業経営においては，従来の経営理念を表していたミッション（使命：Mission），ビジョン（構想：Vision），バリュー（価値観：Value）に代わってパーパス（志：Purpose），ドリーム（夢：Dream），ビリーフ（信念：Belief）が経営理念を表すものになる。前者は外発的なものであり，後者は内発的なものであると述べている。

　このパーパスは従業員，顧客，サプライヤー，地域社会，そして社会全体のすべてのステークホルダーに向けられるもので，まさにESG，SDGsを意識したサステナビリティ（持続可能な成長）経営を目指すものである。各社が，このパーパスを定義しそれに基づいた会社の進むべき方向を示すことは取締役会にとって大きな課題となっている。

3．サステナビリティ経営，ESG，SDGsへの挑戦

　サステナビリティ（持続可能な発展）を目指した経営は，SDGs（Sustainable Development Goals：持続可能な発展目標）を企業としていかに実現するかという実践的な挑戦である。SDGsは今更説明するまでもない言葉であるが，その由来と意義を手短に説明しておく。

　2015年9月の国連サミットで，国連に加盟する193ヵ国すべてが合意して「持続可能な開発のための2020アジェンダ」が採択された。このアジェンダに記載された2016年から2030年までに地球規模で持続可能な社会を実現する

ために掲げられた17の目標（ゴール），169の対象（ターゲット），232の指標が「SDGs "Sustainable Development Goals"」である。これは，地球上から誰一人として取り残さない持続可能で多様性と包摂性をもった社会の実現を目指している。

SDGsの実現に向けては，国家，市民社会，個人，企業等すべてが貢献することが期待されているが，中でもその主要な役割を期待されるのが企業である。

一方で，ESGは環境（Environment），社会（Society），ガバナンス（Governance）を指しているが，2006年に当時の国連のアナン事務総長が投資の意思決定をする際にESGを考慮するべきであるという「投資責任原則」（PRI：Principles for Responsible Investment）を機関投資家に呼び掛けたことから機関投資家の投資決定判断の重要な基準となってきている。この結果2021年には，世界で3,826の年金基金や運用会社等がPRIに署名し，その運用資産は121.3兆ドルに上っている。

このPRIは機関投資家の環境（E），社会（S），コーポレートガバナンス（G）へのコミットメントであり，PRIに署名する機関投資家は，受託者責任と一致することを条件に，以下の6つの原則にコミットすることになる。

①私たちは投資分析と意思決定のプロセスにESG課題を組み込みます。

②私たちは活動的な所有者となり，所有方針と所有習慣にESG問題を組入れます。

③私たちは，投資対象の企業に対してESG課題についての適切な開示を求めます。

④私たちは，資産運用業界において本原則が受け入れられ，実行に移されるよう働きかけを行います。

⑤私たちは，本原則を実行する際の効果を高めるために協働します。

⑥私たちは，本原則の実行に関する活動状況や進捗状況に関して報告します。

　このように機関投資家はESGを投資活動の中心的な投資基準として企業側にもESGへの取り組みを求めている。会社が，上記のパーパス（会社の普遍的な存在意義）を定義しSDGsに真剣に取り組み，結果としてESGに配慮した経営を進めていくことで持続可能な社会の発展を実現していく経営がサステナブル経営である。こうして社会の持続的な発展に貢献する経営を推進することが，会社の持続的な成長（サステナビリティ）にもつながることになる。この挑戦が，取締役会の重要な使命の1つとして現在求められている。

　サステナビリティ経営の実務的な取り組みとして，各社は業務執行側でサステナビリティ委員会などの組織をつくり，具体的な基本方針や具体的な行動指針，KPIなどを設定し，実行し，モニタリングして，その結果を取締役会に報告する態勢をとっている。さらに進んだ態勢としては，取締役会がより積極的に関与することが必要である。例えば，取締役会の中に社外取締役を入れたサステナビリティ委員会をつくり，外部の目も交えて基本方針，行動指針などを議論することである。このようなプロセスにおいて監査役等も情報を共有することで取締役の職務の執行を監査することができる。

　サステナビリティ経営におけるもう1つの重要な活動が開示である。2021年6月改訂のコーポレートガバナンス・コードではサステナビリティ経営に関する開示が新設された。

【原則3－1③】

　上場会社は，経営戦略の開示に当たって，自社のサステナビリティについての取組みを適切に開示すべきである。また，人的資本や知的財産への投資等についても，自社の経営戦略・経営課題との整合性を意識しつつ分かりやすく具体的に情報を開示・提供すべきである。

　特に，プライム市場上場会社は，気候変動に係るリスク及び収益機会が自社の事業活動や収益等に与える影響について，必要なデータの収集と分析を行い，国際的に確立された開示の枠組みであるTCFDまたはそれと同等の枠組みに基づく開示の質と量の充実を進めるべきである。

　ここでもプライム市場上場会社に対して，環境（E）の中でも特に優先度の高い気候変動に係るリスクへの対応に関する開示を求めている。特にTCFD（Task Force on Climate-related Financial Disclosures）「気候関連財務情報開示タスクフォース」への取り組みについての開示を求めているが，プライム市場上場会社にとって非常に難しい課題となっている。

　TCFDは，G20の要請を受け，各国の金融関連省庁および中央銀行からなり国際金融に関する監督業務を行う機関である金融安定理事会（FSB）により，気候関連の情報開示および金融機関の対応をどのように行うかを検討するため設立され，2017年6月に最終報告書を公表した。それは企業等に対し，気候変動関連リスク，および機会に関する下記の項目について開示することを推奨している。

- ・ガバナンス（Governance）：どのような体制で検討し，それを企業経営に反映しているか。
- ・戦略（Strategy）：短期・中期・長期にわたり，企業経営にどのように影響を与えるか。またそれについてどう考えたか。
- ・リスク管理（Risk Management）：気候変動のリスクについて，どのように特定，評価し，またそれを低減しようとしているか。
- ・指標と目標（Metrics and Targets）：リスクと機会の評価について，どのような指標を用いて判断し，目標への進捗度を評価しているか。

　上記4項目について検討し，2℃目標などの気候シナリオを使用し，自社の財務面での影響を分析し（シナリオ分析），結果を開示することを推奨している[2]。

　サステナビリティ経営に関する開示については，2023年1月31日，企業内容等の開示に関する内閣府令等の改正により，有価証券報告書等において，「サステナビリティに関する考え方及び取組」の記載欄を新設し，サステナビリティ情報の開示が2023年3月期以降の決算会社に求められている。同時に，

有価証券報告書等の「従業員の状況」の記載において，女性活躍推進法に基づく女性管理職比率・男性の育児休業取得率・男女間賃金格差といった多様性の指標に関する開示も求められている。この府令によることなくホームページや統合報告書で開示をしていた企業も多かったが，適切な開示を通じて株主・投資家により深い理解をもってもらえば，会社に対するリスク評価も下がり，ひいては資本コストの低下とそれに伴う株価の上昇が期待できる。

　金融庁の「記述情報の開示の好事例集2021」によれば，サステナビリティ経営に関する投資家アナリストが期待する主な開示ポイントは以下のようなものがある。

- ・サステナビリティ事項が企業の長期的な経営戦略とどのように結びついているかをストーリー性をもって開示することは重要
- ・KPIについては，定量的な指標を時系列で開示することが重要
- ・KPIの実績に対する評価と課題，それに対してどう取り組むのかといった開示は有用
- ・目標を修正した場合，その内容や理由を開示することは有用
- ・独自指標を数値化する場合，定義を明確にして開示することは重要
- ・女性活躍や多様性について，取り組む理由や目標数値の根拠に関する開示は有用
- ・人的資本投資について，従業員の満足度やウェルビーイングに関する開示は有用
- ・人権問題やサプライチェーンマネジメントについて，自社の取組みに関する開示は有用

4．ダイバーシティ，最適な取締役会の構成とスキル・マトリックス

　取締役会の最適な構成の問題で中心となる課題は，取締役の人数，社外取締役の人数，ジェンダー等の多様性（ダイバーシティ），取締役のスキル等である。

　取締役会設置会社の取締役の人数については，会社法では最低3名の取締

役を選任しなければならない。かつ会社法第327条の2では「監査役会設置会社（公開会社であり，かつ，大会社であるものに限る。）であって（略）その発行する株式について有価証券報告書を内閣総理大臣に提出しなければならないものは，社外取締役を置かなければならない。」と定めている。

　独立社外取締役の数に関しては，コーポレートガバナンス・コードでは原則4－8で，プライム市場上場会社に対して3分の1以上，その他の市場の上場会社に対しては2名以上の独立社外取締役の選任を求めている。さらに，業種・規模・事業特性・機関設計・会社をとりまく環境等によっては，プライム市場上場会社には過半数かそれ以上，その他の市場の上場会社に対しては3分の1かそれ以上，十分な独立社外取締役を選任することを求めている。

　コーポレートガバナンス・コードによる独立社外取締役の選任に対する上場企業への強い要請もあり，独立社外取締役の数は急速に増えている。2名以上の独立社外取締役を置く会社の東証第一部上場会社に占める割合は2014年の21.5％から2021年8月時点では97.0％とほぼ100％に近い所まで高まっている。独立社外取締役の問題は，もはや数ではなく独立社外取締役の役割に関する問題になっている（「第3章　社外取締役の役割と責任」45ページ参照）。

　独立社外取締役の役割に関する問題に関係して取締役会の多様性（ダイバーシティ），や独立社外取締役の知見・スキルについても課題となっている。コーポレートガバナンス・コード原則4－11（取締役会・監査役会の実効性確保のための前提条件）において「取締役会は，その役割・責務を実効的に果たすための知識・経験・能力を全体としてバランス良く備え，ジェンダーや国際性，職歴，年齢の面を含む多様性と適正規模を両立させる形で構成されるべきである。」と取締役会に要求している。

　また，このジェンダー等の多様性やスキルの問題について，指名委員会，報酬委員会の関与を求めている（補充原則4－10⑪）。

　多様性の問題の中で特に議論されるのが，女性の取締役の数である。これは日本の会社における取締役予備軍である幹部社員に女性が少ないという現実があり，一朝一夕では解決できない深刻な問題である。この問題を解決策

の1つとしてクオータ制の導入という意見もあるが，知見・スキルの観点からは容易には導入できないであろう。

　独立社外取締役を含む取締役の知見・スキルの問題については，最近は，取締役だけでなく執行役員まで含んで，必要とされる知見・スキルを一表にマッピングして開示する例が増えている。いわゆる，スキル・マトリックスといわれるものである。しかしながら，取締役会事務局や人事部あるいは経営企画部が他社の動向も見ながら，知見・スキルをリストアップし，それに対して各取締役が自己申告でマッピングするようなやり方が散見される。このような形式的なスキル・マトリックスでは実効性がない。

　取締役に必要とされる知見・スキルは，上述のパーパスをしっかり定義し，それに沿った経営戦略を作成，遂行するためにどのような知見・スキルが必要なのかを取締役会でしっかり議論することが重要である。

　特に，独立社外取締役に要求される知見・スキルについては，独立社外取締役にどのような役割が期待されているのかを明確にしておかないと，適切な知見・スキルを定義することが難しくなる。

5.　指名委員会・報酬委員会の設置と運営

　コーポレートガバナンス・コードの2018年6月の改訂において「取締役会の下に独立社外取締役を主要な構成員とする任意の指名委員会・報酬委員会など，独立した指名委員会・報酬諮問委員会を設置する」ことを求める原則を新設したが，2021年6月の改訂では，「任意の指名委員会・報酬委員会など」を削除し，「独立した指名委員会・報酬委員会」とするなどより独立性を強調した原則になっている。

　さらに，プライム市場上場会社には，各委員会の構成員の過半数を独立社外取締役とすること，またその委員会構成の独立性に関する考え方・権限・役割等を開示することを求めている。

　指名委員会の役割に関しては，ダイバーシティ（多様性），つまりジェンダー等の多様性やスキルの観点で取締役会の構成をどうするかという点につ

いての関与や助言を求めている。

　指名委員会の最も大きな役割は代表取締役社長・CEOの後継者計画を策定し，その計画を実行することであろう。従来の日本のコーポレートガバナンスの態勢では，代表取締役社長・CEOの選定は現任の代表取締役社長・CEOの専権事項であった。このような態勢では，業績に対して現任の代表取締役社長・CEOの再任・解職，あるいは新しい代表取締役社長・CEOの選定等のプロセスが株主・投資家に不透明である。このような問題を解決するために設けられるのが指名委員会であるが，現任の代表取締役社長・CEOにとっては，いわば権力の源である後継者の指名権を奪われることになるという認識が強く，これまでは普及してこなかった。事実，指名委員会等設置会社が東証一部上場企業で100社に満たないことがこのことを物語っている。

　社外取締役ガイドラインでは，この指名委員会の役割について「これは社長・CEOの人事権を社外取締役に移すということではなく，最適な後継者指名を行うために現社長・CEOら社内者と社外取締役が共同して取り組むということであり，社外取締役の関与によりプロセスの透明性・客観性が確保されることで，株主や従業員をはじめとした企業のステークホルダーの信頼や納得感を高め，後継者の就任後のリーダーシップを支えることにもつながると考えられる。」と論じている。

　一方，取締役の報酬に関しては会社法で定められている（会社法第361条）。従来は，この条文は，取締役の自由な裁量による利益相反を防止するために取締役全員の報酬の最高限度枠を定款または株主総会決議で決めておくものであった。

　しかし，現実は最高限度額の枠の範囲での各取締役への配分は代表取締役に一任されることが多く，各取締役の業績貢献と報酬の関係が不明瞭であった。さらに，固定報酬と業績連動報酬をどのように構成するかという点も取締役のインセンティブに大きく影響するものであり，この点は，取締役の職務の執行の監督の一部である。このような背景から，取締役の報酬に関する規定が2019年12月に改正された現行の会社法で改正されている。

これらは以下のとおりである。

①上場会社の取締役会における報酬の決定の方針の決定の義務づけ

②株式報酬・ストックオプションの決定事項の明確化

③上場会社における株式報酬の無償発行，ゼロ円ストックオプションの解禁

④事業報告において取締役の報酬に関する開示を充実

⑤株主総会に報酬議案を提出する場合の「相当とする理由」の説明

　指名と報酬は業績評価という物差しを介在して互いに関連しあっており，究極的には代表取締役の解任か再任かという判断につながっていくものである。

　この報酬委員会の役割について社外取締役ガイドラインは，「お手盛り防止という利益相反の観点にとどまらず，会社の持続的成長や中長期的な企業価値向上に向け，企業理念や経営戦略に基づく中長期的な経営目標（KPI）と整合的な報酬体系になっているかを確認することが重要である。」と指摘している。

6．取締役会の実効性評価について

　コーポレートガバナンス・コードは，原則4－11（取締役会・監査役会の実効性確保のための前提条件）において，「（略）取締役会は，取締役会全体としての実効性に関する分析・評価を行うことなどにより，その機能の向上を図るべきである。」として取締役会の実効性評価を取締役会に求めている。各上場会社は，この原則に対して実務的な対応に追われているが，かなり形式的な対応になっていることは否めない。

　そもそも取締役会の実効性とは何かということを明確にしないと議論が始まらない。取締役会の役割は会社の普遍的な存在意義を踏まえて経営戦略を策定し，それに基づいた資源配分と売上利益計画等の予算を作成し，業務執行取締役の予算執行をモニタリングすることである。

　コーポレートガバナンス・コード基本原則4ではこの取締役会の役割を次のように定義している。

「上場会社の取締役会は，株主に対する受託者責任・説明責任を踏まえ，会社の持続的成長と中長期的な企業価値の向上を促し，収益力・資本効率等の改善を図るべく，

(1)企業戦略等の大きな方向性を示すこと

(2)経営陣幹部による適切なリスクテイクを支える環境整備を行うこと

(3)独立した客観的な立場から，経営陣（執行役及びいわゆる執行役員を含む）・取締役に対する実効性の高い監督を行うことをはじめとする役割・責務を適切に果たすべきである。」

取締役会の実効性評価とは，すなわち上記の役割を実効的に行ったかどうかを評価することである。

そこで一般的には，取締役の自己評価，監査役による評価，あるいは外部のコンサルタントによる第三者評価等いろいろなやり方が行われている。その手段は主としてアンケートによるものと，第三者評価の場合はアンケート結果に基づいたインタビューが行われている。

一般的にアンケートの項目を見ると形式的なものが多く，それで取締役会の実効性が評価できるのかという疑問が湧くものが多い。例えば，アンケートの大項目については次のようなものが一般的である。

・取締役の数・構成

・開催頻度

・発言の数

・付議事項の適切性

・経営戦略に関する議論

・意思決定の適時性

・内部統制に関する事項

・情報提供

・モニタリングの状況

　これらの点はそれなりに重要なものもあるが，2つの問題点がある。まず，これらの項目のお互いの関係性がはっきりしないまま列挙されているだけであるということである。

　次に取締役会の目標設定に紐づけられていないということである。本来，取締役会の評価を行うのであれば，年度の初めに個々の取締役および取締役会が達成すべき目標を設定しておく必要がある。そうすることで評価の項目も体系的に設定でき評価すべき対象も明確になる。

7．モニタリングの対象の検討

　取締役会・監査役会・監査委員会・監査等委員会はモニタリングの対象について何をモニタリングすべきかを十分に検討する必要がある。コーポレートガバナンス・コード等に基づくと次のようなものが考えられるが，これらに限られない。

①取締役会は，明確な経営理念に基づいて会社の持続的な成長と中長期的な企業価値創出のための経営戦略，経営計画を作成しているか，またそれは公表されているか。

②この経営戦略，経営計画が実際にどの程度達成されているかを定期的にモニタリングし，その評価を経営陣・幹部の人事に適切に反映しているか。

③取締役会・監査役会は株主の権利の実質的な確保と，株主総会における権利行使をより効果的に行えるような環境整備に関して適切な対応が行われているかどうか。

④取締役会が資本政策の基本的方針について株主に対して適切に説明を行っているかどうか。

⑤政策保有株に関し，その方針を開示しているかどうか，毎年，取締役会で主要な政策保有についてそのリターンとリスクなどを踏まえた中長期的な経済合理性や将来の見通しを検証し，これを反映した保有のねらい・合理性について具体的な説明を行っているか，政策保有株式に係る議決

権の行使について適切な対応を確保するための基準を策定・開示しているかどうか。

⑥買収防衛策を導入している，または導入しようとしている場合，その導入・運用については，株主に対する受託者責任を全うするという観点から，その必要性・合理性をしっかりと検討し，適正な手続きを確保するとともに，株主に十分な説明を行っているかどうか。

⑦会社がその役員や主要株主等との取引（関連当事者間の取引）を行う場合には，そうした取引が会社および株主共同の利益を害することがないよう，また，そうした懸念を惹起することのないよう，取締役会は，あらかじめ，取引の重要性やその性質に応じた適切な手続きを定めてその枠組みを開示するとともに，その手続きを踏まえた監視（取引の承認を含む）を行っているか。

⑧経営陣の報酬が，中長期的な会社の業績や潜在的リスクを反映させ，健全な企業家精神の発揮に資するようなインセンティブ付けが行われているかどうか，そのような方策を含む基本方針が策定され，それに沿って透明性の高い決定がなされているか，また取締役・監査役・経営陣の報酬は公開されているか。

⑨株主総会において選任議案として上げられる取締役，執行役，監査役の候補の選任，また執行役員などの経営陣の選定に関して基本的な方針を定め，その方針に沿って透明性の高い決定が行われているか。

⑩独立社外取締役，社外監査役に関する会社独自の独立性判断基準を定めているか，それを公表しているか。

⑪独立社外取締役，社外監査役はその職務の執行を実効的に行う時間をもつために他社との兼任の数を合理的な範囲に保っているか。

⑫外部評価または自己評価を含め，年に1回は取締役会・監査役会の職務の執行の評価を行っているか。

⑬取締役・監査役の資質を向上させるために役員研修に関する基本方針を策定しているか，またその方針と役員研修の結果を評価しているか。

⑭監査役会は，外部会計監査人候補を適切に選定し，外部会計監査人を適切に評価するための基準を策定しているか，外部会計監査人に求められる独立性と専門性を有しているか否かについて確認しているか。

8．経営戦略をモニタリングするための方法を検討する

　取締役会・監査役会・監査委員会・監査等委員会は上記のモニタリングを効果的に行うための方法を工夫する必要がある。特に，社内の情報に接する機会の少ない独立社外取締役・社外監査役はその情報収集についていくつかの方策を検討する必要がある。

①企業業績のモニタリングを投資家の視点に合わせるための工夫が必要である。前述した伊藤レポートによると，「多くの日本企業の経営者はIRの機会などで投資家に対してROE（自己資本比率やEVA（経済的付加価値）等の資本市場が重視する指標について語るようになった一方で，社内ではそうした経営指標に言及することなく，社内の論理を優先したり他の指標を掲げたりする，いわば言語を使い分ける傾向が強くなった）と指摘している。このROEをめぐる投資家と経営者の間のミスマッチを解消するために，「企業側においてもROEを要素分解して具体的に『見える化』し，社内のKPIに関連づけて行くことでそれぞれの会社の経営改革に十分落とし込めるはずである」（伊藤レポート）としている。このような工夫をすることにより，会社の業績が投資家の視点でもモニタリングすることが可能になる。

②どのような会社の機関設計をとるにせよコーポレートガバナンスの実効性を確保するために必要に応じて会社独自の仕組みを使ってモニタリングの機能を強化すべきである。それには，取締役の報酬や取締役・経営陣の指名に関する基本方針を定め，それに沿って透明性の高い決定を行うための報酬諮問委員会，指名諮問委員会をつくり取締役会が諮問する仕組みを作るなどの工夫を行うことも考えられる。

③社内の情報に接することが少ない，あるいは接することが難しい独立社

外取締役・社外監査役は必要に応じて情報を求める努力を自ら行うべきである。

④取締役の法令違反の行為の疑いを発見した有事の場合には会社の費用で社外の専門家の助言を求めることも必要である。

⑤社内の情報に接することが多く，またそれが容易である常勤監査役と社外取締役・社外監査役の定期的な情報交換の場を設けることも有効な工夫である。

⑥社内の情報を掘り出すために内部通報制度を設け活用すべきである。そのためには，通報者の保護に適切な配慮を図るとともに経営陣から独立した窓口，例えば社外の弁護士事務所，社外取締役または社外監査役の中から窓口となる代表者を選ぶなどの工夫も考えられる。

9．モニタリングの結果を報告する

取締役会・監査役会・監査委員会・監査等委員会は以上のモニタリングの結果を株主・投資家に対して公表する必要がある。このモニタリングの報告には次のようなものがある。

①監査報告書（株主総会）

②事業報告（株主総会）

③有価証券報告書（金融庁提出）

④内部統制報告書（金融庁提出）

⑤アニュアル・レポート（年次報告書：株主・投資家向け）

⑥統合報告書

⑦コーポレート・ガバナンス報告書（証券取引所）

⑧投資家との直接対話

ここでは，最後の投資家との直接対話について日本版スチュワードシップ・コードとコーポレートガバナンス・コードという新しい枠組みの観点から説明する。

　資金拠出者であるアセット・オーナーに説明責任を負う機関投資家が企業の経営者と企業価値創造に向けて直接対話するための指針となる日本版スチュワードシップ・コードに対してコーポレートガバナンス・コードも，【基本原則3】で「上場会社は，会社の財政状態・経営成績等の財務情報や，経営戦略・経営課題，リスクやガバナンスに係る情報等の非財務情報について，法令に基づく開示を適切に行うとともに，法令に基づく開示以外の情報提供にも主体的に取り組むべきである。その際，取締役会は，開示・提供される情報が株主との間で建設的な対話を行う上での基盤となることも踏まえ，そうした情報（とりわけ非財務情報）が，正確で利用者にとってわかりやすく，情報として有用性の高いものとなるようにすべきである」と企業側の努力を促している。

　その情報開示については，【原則3－1　情報開示の充実】で次のような事項を開示すべきであるとしている。

（ⅰ）会社の目指すところ（経営理念等）や経営戦略，中長期的な経営計画

（ⅱ）本コードのそれぞれの原則を踏まえた，コーポレートガバナンスに関する基本的な考え方と基本方針

（ⅲ）取締役会が経営陣幹部・取締役の報酬を決定するにあたっての方針と手続

（ⅳ）取締役会が経営陣幹部の選任と取締役・監査役候補の指名を行うにあたっての方針と手続

（ⅴ）取締役会が上記（ⅳ）を踏まえて経営陣幹部の選任と取締役・監査役候補の指名を行う際の，個々の選任・指名についての理由説明

　問題は，このような情報に関して投資家と対話する際，誰が企業の代表となるかという点である。多くは，代表取締役，最高財務責任者（CFO），IR責任者などになると思われるが，独立社外取締役・監査役等などの非業務執行役員も投資家との直接対話に積極的に関与すべきであると考える。

例えば，社外取締役の代表者を決めてその代表者が機関投資家と対話することも1つの方法であろう。あるいは，独立社外取締役・社外監査役の会議において機関投資家を招いて対話するという方法も考えられる。

 企業価値創造に資する経営モニタリングと内部統制の役割

日本企業の多くは，内部統制を会社法と金融商品取引法による法的な規制としか考えず，内部統制を法律に対応するための施策として，コンプライアンスや財務報告の適正性を確保するための手段という観点から考える傾向が強い。そのため，内部統制の構築・整備・運用に係る費用は法律に対応するためのやむを得ないコストであるという考え方が一般的である。

しかしながら，内部統制のグローバル・スタンダードとなっているCOSOの枠組みでは，内部統制の目的の1つに「業務の効率性」ということがあることを忘れてはならない。この業務の効率性こそ，資本の効率性を確保し，より高いROEを達成するための重要な手段の1つである。この視点から見ると，内部統制の構築・整備・運用に係る費用は，業務効率を高め，経営の質を高めるための投資であると考えるべきである。社外取締役，監査役はこの視点から内部統制の構築・整備・運用の状況を監査することで，監査という業務を「守りのガバナンス」だけでなく企業価値を創造する「攻めのガバナンス」のための手段とすることができる。

1．COSOのフレームワーク改訂（新COSO）と企業価値創造のための内部統制

金融商品取引法における内部統制報告制度（以下，「金商法内部統制報告制度」という）の参考とされたCOSO（the Committee of Sponsoring Organizations of the Treadway Commission：以下「COSO」という）フレームワークは1992年に公表されたもの（以下「旧COSO」という）であるが，COSOは2013年5月14日にこれまでに公表した内部統制関連のすべての報告

■図表5-2　新COSOキューブ

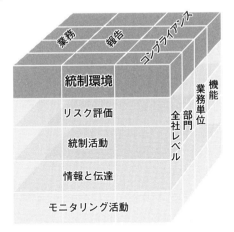

出所：COSO Internal Control-Integrated Framework, May 2013：八田進二・箱田順哉監訳，日本内部統制研究学会新COSO研究会訳『COSO 内部統制の統合的フレームワーク』日本公認会計士協会出版局，2014年。

書に関する全面的な見直しを行い，新しいフレームワーク（Internal Control Integrated Framework：以下「新COSO」という）を公表した[3]（図表5-2）。

　この新COSOは次の点で金商法内部統制報告制度が準拠した旧COSOと異なるが，旧COSOを補完するものでありその内容を大きく変更するものではない。したがって，金商法内部統制報告制度における内部統制の評価に関してその枠組みを変更する必要はない。しかしながら，新COSOは，企業価値創造を意識したフレームワークとなっており，本書の目指す企業価値創造のためのモニタリングという考え方にとってはきわめて有効なフレームワークである。日本企業が自主的に内部統制の整備・運用・評価に関する枠組みを，新COSOにそって見直すことを強く推奨したい。

【新COSOの改訂のポイント】

　①3つの目的の1つ「財務報告の信頼性」を「報告」に変更

②原則主義的考え方（Principles-based Approach）の採用

③ガバナンスに関する論点を強調

④市場と業務のグローバル化の進展の反映

⑤ビジネスモデルと組織構造の変化を考慮

⑥法律・規則・規制・基準の要求と複雑性の考慮

⑦業務遂行能力（competencies）と説明責任（accountabilities）に対する
期待の考慮

⑧増大するテクノロジーとの関連性の反映

⑨不正防止に関する論点を強調

⑩内部統制の目的設定の明確化

⑪有効な内部統制要件の強調

⑫内部監査機能の強調

このうち，特に重要である点について説明する

【報告】

　新COSOの3つの目的の1つ「報告」は旧COSOの「財務報告の信頼性」を含むものであり，変更した理由は，非財務項目についての報告（Non-Financial Reporting）を含めた，事業体に係る報告全体（統合報告等）の信頼性等を内部統制の目的として明確に据えたことによる。

　具体的には，内部統制によって信頼性等を確保すべき報告の内容について，報告の内容を「財務報告」と「非財務報告」に分類し，報告の対象を「内部報告」と「外部報告」に分類して整理している。その内容の具体的なイメージは図表5-3のとおりである。

【原則主義的考え方（Principles-Based Approach）】

　新COSOでは，内部統制の構成要素についての基本的な概念を，内部統制の構成要素に即して分類した合計17の「原則」（プリンシプル）として，またそれぞれの原則に対して重要な視点を87の着眼点として示している。これ

■図表5-3　報告目的のサブカテゴリー

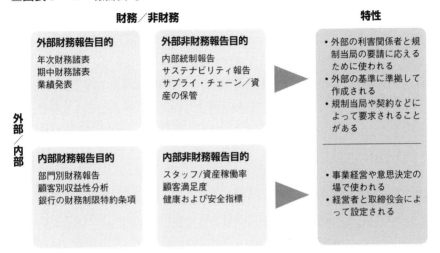

出所：COSO Internal Control-Integrated Framework, May 2013：八田進二・箱田順哉監訳，日本内部統制研究学会新COSO研究会訳『COSO 内部統制の統合的フレームワーク』日本公認会計士協会出版局，2014年。

は旧COSOを補完するものであり特に新しいものではないが，内部統制の構築・整備・運用に際して経営者にとって海図の役割となるものであり，独立社外取締役，監査役としても理解しておくことは有用である。巻末に資料として掲載しているので是非参考にされたい。

【ガバナンスに関する論点】

　新COSOは内部統制がコーポレートガバナンスの重要な要素としてその機能の発揮に寄与し，ビジネスの意思決定にも寄与することを提唱している。そして，コーポレートガバナンスの役割を担うガバナンス機関を総称する用語として「取締役会（Board of Directors）」という言葉を使っているが，このBoard of Directorsは，企業以外の組織において取締役会と同等の機能を果たす理事会や各国の制度に基づく独自のガバナンス機関も意味しており，その意味で日本の監査役会もこのBoard of Directorsに含まれる。

【内部監査部門の重要性】

　旧COSOでも内部監査部門が内部統制のモニタリングの重要な役割を担うとされているが，新COSOでも企業のリスクに対する第三の防御線（defence line）としての内部監査部門の役割がさらに強調されている。この内部監査部門の役割については，監査等委員会設置会社の評価のところでもふれたように，指名委員会等設置会社の監査委員会，監査等委員会設置会社の監査等委員会だけでなく十分な監査役スタッフをもたない監査役会設置会社にとってもその強化は非常に重要なものになっている。

【新しい時代への対応】

　旧COSOから21年の時間を経て改訂された新COSOは，この間の市場，ビジネスモデル，技術などの世界的な進展に対する検討結果を含んでいる。これらは，④市場と業務のグローバル化の進展，⑤ビジネスモデルと組織構造の変化，⑧増大するテクノロジーとの関連性などである。つまり，クロスボーダーM&Aやそれに伴う経営オペレーション・モデルの変化，新しいビジネスモデルの進展とそれに伴う外部リソースの利用などが内部統制の構成要素に影響を与えている点を検討している。またIT技術の進展はITに対する内部統制，ITを利用した内部統制と両方の面から内部統制のあり方を変えている。

【新COSOと全社的リスクマネジメント（ERM）】

　全社的リスクマネジメントとは，企業の取締役会，経営者，その他構成員によって影響を受けるプロセスであり，企業全体の戦略の設定において適用され，企業に影響を与える可能性のある潜在的事象を識別するようにデザインされ，リスクをその許容範囲に収まるように管理し，事業目的の遂行に関する合理的保証を提供するものである。新COSOの内部統制の考え方においては，企業の目的設定は所与のものとされるが，ERMは戦略設定と事業目的の設定を含んだ事業遂行プロセスである。この意味でERMは内部統制を

そのプロセスに含むものであり，より直接的に企業価値創造を目指すプロセスである。独立社外取締役，監査役はERMに関する知識を習得しておくことを推奨したい。

新COSOにおいても内部統制の基本的な概念は変わっていない。この点を日本内部統制研究学会報告[4]により確認しておく。

①内部統制は，企業，政府・自治体，公的機関，非営利組織その他すべての組織が構築すべきものである。

②内部統制は3目的を達成するために5要素によって構成される（ただし，目的のうち「財務報告の信頼性」は「報告」に拡大）。

③内部統制は，組織全体（企業の場合は企業グループ全体）およびその業務単位のすべてにわたって構築される。

④内部統制は「人」が遂行する「プロセス」である。

⑤実効性のある内部統制の整備・運用・評価にあたっては，人の判断を必要とする。

⑥内部統制は目的を達成するための手段であり，それ自体が目的ではない。

⑦内部統制は「合理的保証」を提供する。内部統制には限界があるため，絶対的保証を提供するものではない。

⑧内部統制は，組織の形態に適応して構築される。

⑨内部統制は，組織内外の環境の変化に応じて不断の改善努力を必要とする。

2．内部統制と独立社外取締役，監査役等によるモニタリング

上で述べたように，新COSOは旧COSOを発展的に補完したものであり，その根幹は変化していないことから日本においては旧COSOに準拠した内部統制の枠組みは現時点では変更されていない。

ここでは，前述した内部統制の基本的な概念を念頭に置いて会社法と金融商品取引法という2つの新しい法体系の中で規定された内部統制について説明するが，この2つの法体系については，会社法の求める内部統制システム[5]

は新COSOと同等の範囲を含むものであり，会社としては金融商品取引法の求める内部統制と一体に整備・運用・評価を行うべきである。重要な点は，これを外部から法律の要請という形で押し付けられた規制と考えるのではなく，独立社外取締役，監査役等に企業価値創造のためのモニタリングの枠組みを提供するものであると前向きに取り組むことである。別の言葉でいえば，内部統制の運用・構築・評価にかかる費用をやむを得ないコストと考えるべきでなく，将来の企業価値創造に向けた投資と考えるべきである。

　会社法においては，コーポレートガバナンスを支える内部統制の重要性が一段と強化され，監査役（会）設置会社，指名委員会等設置会社，監査等委員会設置会社または大会社（取締役会設置会社）においては，内部統制システムの構築義務が明確に規定されている[6]（会社法第348条第3項第4号，第362条第4項第6号）。その中で，監査（等）委員会，監査役会はその内部統制を実効的に機能させるための重要な機関として位置づけられている。

　金融商品取引法においては，内部統制の整備・運用・評価をどのように行うかという点について，金融庁により2007年2月に「財務報告に係る内部統制の評価及び監査の基準」および「財務報告に係る内部統制の評価及び監査に関する実施基準」（内部統制基準等）が内部統制の具体的な枠組みとして提示された。この内部統制基準等は，2008年4月から導入された金融商品取引法による内部統制報告制度に対応するために日本企業に採用されてきたが，金融庁企業会計審議会により2年間の運用の結果に基づいて見直しが行われ，2011年3月に改訂版が公表された。

　改訂の主要な点は次のようなものである。

①「財務諸表の信頼性に重要な影響を及ぼす開示事項等」の内容に「事業等のリスク」や「キャッシュフローの状況の分析」が付け加えられ企業の持続性に注意を払っていること

②「重要な欠陥」が「開示すべき重要な不備」と変更され内部統制にはもともと不備があるとした上で，その中でも重要なものを開示して将来の改善を意識したこと

③また内部統制の重要性の判断や評価の範囲，また評価の頻度等について柔軟性をもたせ内部統制の整備・運用・評価においてコスト・ベネフィットのバランスに配慮したこと

　いずれにしても，監査役の監査業務，特に業務監査については，多くの監査役がどのようにすればよいのかということに悩み，個々の監査役が独自に工夫しながら監査業務を行ってきたが，内部統制基準等で示された内部統制構築のための枠組みと多くの道具あるいは考え方およびそれらを反映した日本監査役協会の「内部統制システムに係る監査の実施基準」は，監査役等の監査業務にとって強力な武器になるはずである。また独立社外取締役にとっても取締役の業務執行をモニタリングする上でも参考になるものである。
　監査業務にこのような武器をどのように使うかという点については，「8. リスクアプローチの業務監査への応用」（200ページ）で解説する。

3．会社法の規定する内部統制システム

　会社法は，日本の企業がグローバルな市場でより柔軟に，より敏速に競争することができるように，会社設立，機関設計の柔軟性，M&A等組織編制の制度の整備，資本政策の自由度の増大（剰余金配当の柔軟化や種類株式の定款自治の拡大など）など，規制緩和を目指している。
　これにより，会社の自由度が増大する反面，一方では，会社の抱えるリスクも大きくなる。そこで，このようなリスクの増大に対して，取締役(会)の職務執行が適正に行われるよう，情報の開示と監視の仕組みを整備してコーポレートガバナンスを確保することが，会社法のもう1つの柱になっている。そのために，コーポレートガバナンスを実効的に機能させるための内部統制システムの構築を義務づけているわけである。
　会社法の規定する内部統制は，金融商品取引法の内部統制基準等の内部統制の4つの目的のすべてを満たすものである。その4つの目的を達成するために必要な6つの基本的要素を，見ておくと次のようになる。

【内部統制の4つの目的】

（ⅰ）業務の有効性および効率性

（ⅱ）報告の信頼性

（ⅲ）事業活動に関わる法令等の遵守

（ⅳ）資産の保全

【内部統制の目的を達成するための6つの基本的要素】

（ⅰ）統制環境

（ⅱ）リスクの評価と対応

（ⅲ）統制活動

（ⅳ）情報と伝達

（ⅴ）モニタリング

（ⅵ）ITへの対応

　具体的には，内部統制システムに関する会社法の規定は，どのようなこと を会社に義務づけているのだろうか。この点を，会社法第362条第4項第6号， 会社法施行規則第100条第1項に沿って，内部統制の4つの目的と6つの基 本的要素に対応させながら見てみよう。

①取締役の職務の執行が法令および定款に適合することを確保するための 体制（会社法第362条第4項第6号）

　　この規定は，取締役の職務の執行が，法令および定款だけでなく社会 規範，倫理に関しても適合していることを確かなものにする体制を整備・ 運用することを取締役に求めている。これには，倫理規定の制定，コン プライアンス委員会の定期的開催，コンプライアンス・マニュアルやコ ンプライアンス・プログラムの制定，定期的なコンプライアンス研修， 内部通報体制の整備運用などが含まれる。

②当該株式会社の取締役の職務の執行に係る情報の保存および管理に関す る体制（会社法施行規則第100条第1項第1号）

　この規定は，特に取締役の職務の執行を監視するために，取締役会の議事録など，取締役の職務の執行に関する情報が正しく記録され保存されかつ適正に管理されているかということを確実にするためのものである。この規定は，内部統制の4つの目的すべてに関連し，「統制環境」と「情報と伝達」という基本的要素に関連してくる。

③当該株式会社の損失の危険の管理に関する規程その他の体制（会社法施行規則第100条第1項第2号）

　この規定も内部統制のすべての目的を達成するために設けられたもので，「リスクの評価と対応」，「統制活動」，「情報と伝達」，「モニタリング」といった基本的要素に関連している。

④当該株式会社の取締役の職務の執行が効率的に行われることを確保するための体制（会社法施行規則第100条第1項第3号）

　この規定は，内部統制の目的の「業務の有効性及び効率性」に直接関連している。この目的を達成するためには，内部統制の6つの基本的要素が効果的に働くことが必要である。

⑤当該株式会社の使用人の職務の執行が法令および定款に適合することを確保するための体制（会社法施行規則第100条第1項第4号）

　この規定は，内部統制の目的の「事業活動に関わる法令等の遵守」に直接関連している。いわゆるコンプライアンスを確保するための規定である。この目的を達成するためにも，6つの基本的要素すべてが必要である。

⑥次に掲げる体制その他の当該株式会社ならびにその親会社および子会社からなる企業集団における業務の適正性を確保するための体制

　「次に掲げる体制」とは，子会社の取締役，執行役等の経営陣（取締役等）の親会社への報告体制，子会社の上記②，③，④に関する体制を指す。

　この規定は，内部統制の4つの目的すべてに関わるもので，6つの基本的要素すべてが必要となる。この点を理解するために具体的な例をあげてみる。例えば，次のような点を統制する体制を定める。

・業務の効率性および有効性の観点からは，親会社および子会社の業務分担はうまく機能しているか，など

・報告の信頼性の観点からは，親会社と子会社の取引が適正に会計処理されているか，連結財務諸表の作成に影響するような不適切な会計処理がなされていないか，など

・事業活動に関わる法令等の遵守の観点からは，親会社と子会社の間で違法な取引はないか，など

・資産の保全については，親会社の資産を不適正な価格で子会社に売却していないか，など

　会社法では，この内部統制の構築義務を側面から補強するために，会社法施行規則において，監査役の機能を強化する規定を設けている。会社法の施行に関する改正会社法施行規則では，以前よりこの監査役機能を強化する体制を定めている。それは，監査役の職務を補助する使用人に関する事項や取締役および使用人が監査役へ報告するための体制などに関する規定である。具体的に見てみよう。

①当該監査役設置会社の監査役がその職務を補助すべき使用人を置くことを求めた場合における当該使用人に関する事項（会社法施行規則第100条第3項第1号）

　　監査役が，監査業務を補助するために使用人を置くことを求めた場合には，取締役会は，監査役室や監査役事務局などの設置に関し，どのようにするかということを決議する。

②前項の使用人の当該監査役設置会社の取締役からの独立性に関する事項（会社法施行規則第100条第3項第2号）

　　監査役の職務を補助する使用人の人事考課や人事異動などについては，監査役の権限とし，取締役（会）からの独立性を維持しなければならない。この独立性を維持するための仕組みと手続きを決議する。

③当該監査役設置会社の監査役の第1号の使用人に対する指示の実効性の確保に関する事項（会社法施行規則第100条第3項第3号）

　監査役の監査役職務を補助する使用人（監査役スタッフ）に対する監査役の指示が実際に実行されることを保証するための体制である。例えば，監査役スタッフの要求する資料の閲覧が監査対象の部門のスタッフから拒否されることのないような体制をつくることを指す。

④次に掲げる体制その他の当該監査役設置会社の監査役への報告に関する体制（会社法施行規則第100条第3項第4号）

　この場合，「次に掲げる体制」とは，当該監査役設置会社（親会社）およびその子会社の取締役および役職員が，親会社の監査役に報告するための体制を指す。この中には内部通報制度が含まれる。

⑤前号の報告をした者が当該報告をしたことを理由として不利な扱いを受けないことを確保するための体制（会社法施行規則第100条第3項第5号）

　これは，内部通報制度の一部として内部通報したものがそれによって給与，昇進，配置などの処遇で不利な取り扱いを受けないことを確実にするための施策を指している。

⑥当該監査役会設置会社の監査役の職務の執行について生ずる費用または債務の処理に係る方針に関する事項（会社法施行規則第100条第3項第6号）

　これは，会社法388条に定める監査役からの費用の請求についての具体的な方針を決めることを規定している。

⑦その他当該監査役会設置会社の監査役の監査が実効的に行われることを確保するための体制

　例えば，必要であれば監査役が外部のアドバイザーを使うこと，会社の重要部門，例えばコンプライアンス委員会，経理部門あるいは内部監査部門などとの定例会議を設定することなどが考えられる。

　なお，監査委員会，監査等委員会についても同様の規程が設けられている。

4．会社法の規定する内部統制システムの監査

　会社法の規定する内部統制システムは，内部統制の4つの目的すべてに関連するものである。そして，この目的を達成するためには，内部統制の6つの基本的要素がそれぞれ関連をとりながら効果的に働くことが重要である。内部統制の監査はこの点が十分機能しているかどうかを監視し検証することが中心になる。

　まず，会社法が委員会設置会社および大会社に義務づけている，内部統制に関する取締役会の決議の内容およびその実施状況が，会社法施行規則第100条第1項および第3項に照らして妥当なものであるかどうかを検証する必要がある。もし，取締役会の内部統制に関する決議の内容が不十分であると監査役が認めるときは，監査役は，その旨，事実および理由を監査報告に記載する義務がある。

　この観点からは次のようなチェックポイントがある。

- ・必要な事項を網羅しているか
- ・決議内容を，事業報告に適切に開示しているか
- ・それぞれの事項に関する決議の内容は実質的で効果的なものか
- ・会社のリスク評価に基づいて，特に重要なリスクと思われる事項について具体的な対策を決議しているか
- ・決議の内容を実現するための具体的な計画があるか
- ・その決議内容について，法令・規則などを含む経営環境の変化に応じて必要な見直しが行われ，決議されているか
- ・計画が着実に実施されているか
- ・内部統制の整備上の課題や対応状況は適切に取締役会に報告されているか
- ・有価証券報告書や証券取引所のコーポレートガバナンス報告書の内部統制関連事項の記載内容は適切か

　上記の点を検証するためには，会社法施行規則第100条第1項の諸規定に沿って，具体的な状況を監査することが必要である。

　その前に，内部統制の6つの基本要素の中の統制環境が妥当なものであるかどうかということが，内部統制が有効に働くかどうかの鍵を握るので，この点に関する検証をしておくことが重要である。

　統制環境とは，組織の気風を決定し，組織内のすべての者の統制に対する意識に影響をあたえるとともに，リスクの評価と対応，統制活動，情報と伝達，モニタリングおよびITへの対応という他の基本的要素の基礎をなすものである。また，内部統制を構築，運用していく上でこれらの基本的要素にDNAのように本質的な影響を与える基盤となるものである。具体的な統制環境としては，次のような例があげられる（内部統制基準等）。

　　・誠実性および倫理観
　　・経営者の意向および姿勢
　　・経営方針および経営戦略
　　・取締役会ならびに監査役または監査委員会，監査等委員会の有する機能
　　・組織構造および慣行
　　・権限および職責
　　・人的資源に対する方針と管理

　これらの点の妥当性を判断するためのチェックポイントの例をあげると次のようなものがある。

　　・代表取締役・代表執行役の年頭挨拶やIR活動などの発言は，企業倫理や社員の行動基準について明確なメッセージを発しているか
　　・取締役会では，経営リスクに関する実質的な議論が定期的になされているか
　　・経営方針および経営戦略は明確に社内に伝えられ，正しく理解されているか
　　・報酬制度は過度なインセンティブの仕組みになっていないか
　　・職務権限および職務分掌は明確になっており，正しく機能しているか
　　・従業員教育は適切な範囲と頻度で行われているか　　など

　これらの統制環境を検証した上で，会社法・会社法施行規則の諸規定に沿って具体的なチェックポイントの例をあげてみよう。

①当該株式会社の取締役・使用人の職務の執行が法令および定款に適合することを確保するための体制（会社法第362条第4項第6号，会社法施行規則第100条第1項第4号）

　・取締役（会）は，会社が遵守すべき重要な法令について正しい理解をもっているか

　・企業倫理綱領，企業行動倫理基準，コンプライアンスマニュアルなどの使用人の倫理的および適法的行動に関する指針を作成しているか，それらは，取締役および使用人に正しく理解されているか

　・コンプライアンスのための組織体制は，人材の配置を含めて十分で適正なものか

　・内部通報制度がある場合，内部通報制度は効果的に機能しているか，運用上どのような問題点があるか

　・弁護士との連携は効果的か

②当該株式会社の取締役の職務の執行に係る情報の保存および管理に関する体制（会社法施行規則第100条第1項第1号）

　・取締役会議事録は，記録され，適正に管理・保存されているか

　・取締役会にまわされた稟議書は，適正な手続きによって作成され，管理・保存されているか

　・取締役の職務の執行に関する監査報告書は，適正な手続によって作成され保存されているか

　・上記のような重要な文書に係る文書管理規程あるいは情報管理規程などの社内規程は整備されているか，正しく運用されているか，定期的な見直しと更新が行われているか

③当該株式会社の損失の危険の管理に関する規程その他の体制（会社法施行規則第100条第1項第2号）

　・リスク管理のための社内組織はつくられているか。リスク管理のため

　の組織あるいは体制は効果的に機能しているか
・リスク管理規程などの社内規程は整備され，効果的に運用され，定期的な見直しと更新が行われているか
・リスク管理について定期的な研修は行われているか
・会社のコーポレートガバナンスに関する基本方針，内部統制に関する基本方針は，どのように使用人に伝達され，使用人は正しく理解しているか
④当該株式会社の取締役の職務の執行が効率的に行われることを確保するための体制（会社法施行規則第100条第1項第3号）
・取締役（会）は，会社の長期的な戦略および中短期の経営計画を作成し，見直し，更新しているか，また，それらの，長期的な戦略および中短期の経営計画は，使用人に正しく伝えられ理解されているか
・IT業務は会社の戦略および経営計画を効果的に実現するよう，運営されているか
・職務権限規程，倫理規程，営業員服務規程などの社内規程は整備され，定期的な見直しおよび更新が行われているか，また，それらは，使用人に正しく理解され，有効に機能しているか
⑤次に掲げる体制（子会社の取締役，執行役等の経営陣の親会社への報告に関する次に掲げる体制，子会社の上記②，③，④に関する体制）その他の当該株式会社ならびにその親会社および子会社からなる企業集団における業務の適正性を確保するための体制（会社法施行規則第100条第1項第5号）
・子会社管理規程，子会社監査規程などの社内規程は整備され，定期的な見直しと更新が行われているか，規程は取締役・使用人に理解され，効果的に機能しているか
・連結決算に関する経理規程は整備され，定期的な見直しと更新が行われているか，規程は使用人に理解され，効果的に機能しているか
・親会社の立場を利用した違法な取引は行われていないか
・コンプライアンスについてグループ会社を含めた方針があるか，グル

ープ会社間での情報共有は効果的に機能しているか　など

　また，会社法施行規則第100条第3項で規定されている，監査役監査の実効性確保のための体制についても，それが適正に整備されているかどうかという点の検証が必要である。そのためには，次のような点について検証する。

・監査役の監査が実効的に行われるよう，監査業務の規模に十分対応できる，補助使用人が配置されているか
・配置された補助使用人の人事異動や人事評価は，取締役から独立して行われ，補助使用人に対する取締役の影響が排除された体制になっているかどうか
・監査役と内部監査部門や監査法人との定期的な会合をもつ体制になっており，それが実行されているか
・監査役が監査のために必要とする外部のアドバイザーなどの任用が行えるような体制になっているか

　以上，会社法の規定する内部統制について，監査役による監査の要点を説明したが，実際には，会社法の規定する内部統制の監査は，業務監査の一環として，次に見る金融商品取引法の規定する内部統制に対する監査を含む形で行うことが効果的である。

5．金融商品取引法の規定する内部統制

　2007年9月30日に施行された金融商品取引法の内部統制に関する規定（以下「金商法内部統制」という）は，会社法のそれとは違った背景と内容をもっている。

　金融商品取引法のねらいは，近年金融市場に登場し，増え続けている，複雑な有価証券，信託受益権，商品先物取引，外国証券，不動産証券化証券を含む種々の証券化商品，それら金融商品や商品先物および不動産を投資対象とする各種投資ファンドなど，これまでの行政の区分に基づく定義では捉え

きれない，リスクの高い複雑化した金融商品を，より包括的な法体系で規制し，投資家の保護を図ることであった。

　この投資家保護のための重要な柱の１つが，適正な情報開示のあり方である。この適正な情報開示を確保するために，金融商品取引法は，経営者に対して，有価証券報告書等の財務報告が適正であることを確認すること，財務報告が適正につくられるための内部統制が有効に機能しているかどうかを評価して報告することを求めているものである。具体的には，次のような内容になっている。

（ⅰ）有価証券報告書の記載内容が金融商品取引法令に基づき適正であるということを確認して記載した確認書を，内閣総理大臣に提出すること（金融商品取引法第24条の４の２）[7]

（ⅱ）連結子会社を含めて，会社が財務報告の作成において虚偽の記載がない（情報の適正性）ことを確保するための体制（いわゆる財務報告に係る内部統制）について，経営者が評価した報告書（内部統制報告書）を，有価証券報告書とあわせて内閣総理大臣に提出すること（金融商品取引法第24条の４の４）

（ⅲ）上場企業が提出する内部統制報告書は，外部の独立した監査人による監査を受け，監査証明（内部統制監査報告書）を受けなければならないこと

（ⅳ）なお，適正であることの確認書および内部統制報告書に，虚偽の記載があった場合には，会社の代表取締役に対し10年以下の懲役もしくは５億円以下の罰金，または併科の罰則規定が用意されていること（金融商品取引法第197条）。この場合法人には５億円以下の罰金。

　この金商法内部統制は170ページで説明した旧COSOの枠組みに沿ったものであるが，2013年の新COSOの枠組みが公表されてからも見直しは行われなかった。その後見直しが行われ2023年４月７日に「財務報告に係る内部統制の評価及び監査の基準並びに財務報告に係る内部統制の評価及び監査に関

する実施基準の改訂について（意見書）」（以下「改訂内部統制基準等」という）が企業会計審議会から公表された。これを受けて2023年（令和5年）6月30日に「財務計算に関する書類その他の情報の適正性を確保するための体制に関する内閣府令の一部を改正する内閣府令」（令和5年内閣府令第57号）が公布された。この府令は2024年4月1日以降から適用された。

　金商法の改訂内部統制基準等は，サステナビリティ等の非財務情報に係る開示の進展や新COSOの枠組みを踏まえ内部統制の目的の1つである「財務報告の信頼性」を「報告の信頼性」とした。一方で，金融商品取引法上の内部統制報告制度は，あくまで「財務報告の信頼性」の確保が目的であることを強調している。

　この改訂内部統制基準等は上記以外に重要な内容の変更を行っている。改訂には次のような背景があった。金商法内部統制の定める「内部統制報告制度は，財務報告の信頼性の向上に一定の効果があった一方で，経営者による内部統制の評価範囲の外で開示すべき重要な不備が明らかになる事例や内部統制の有効性の評価が訂正される際に十分な理由の開示がない事例が一定程度見受けられており，経営者が内部統制の評価範囲の検討に当たって財務報告の信頼性に及ぼす影響の重要性を適切に考慮していないのではないか等の内部統制報告制度の実効性に関する懸念が指摘されていた。」（改訂内部統制基準より）いわゆる内部統制報告制度の形骸化である。

　詳細な改訂内容は改訂内部統制基準等を見ていただきたいが「財務報告に係る内部統制の評価及び報告」について次の3点をあげている。

① 経営者による内部統制の評価範囲の決定

　　評価範囲の決定において，評価範囲の検討における留意点を明確化した。具体的には，評価対象とする重要な事業拠点や業務プロセスを選定する指標について，例示されている「売上高等のおおむね3分の2」や「売上，売掛金及び棚卸資産の3勘定」を機械的に適用すべきでないことを挙げている。これは企業のリスクアプローチに基づいた評価範囲の決定を要請していることを意味する。

　　評価範囲に含まれない期間の長さを適切に考慮するとともに，開示すべき重要な不備が識別された場合には，当該開示すべき重要な不備が識別された時点を含む会計期間の評価範囲に含めることが適切であることを明確化している。

　　さらに，評価範囲に関する監査人との協議の重要性についても記載している。

②　ITを利用した内部統制の評価

　　ITを利用した内部統制の評価について留意すべき事項を記載している。また，IT内部統制の評価の頻度について必要に応じて監査人と協議して行うことを記載している。

③　財務報告に係る内部統制の報告

　　内部統制報告書において，記載すべき事項を明示している。

　　会社の内部統制の整備・運用・評価という観点からすれば，会社法が規定する内部統制と，金商法内部統制とを分けて考えることは，現実的には意味がない。むしろ，コーポレートガバナンスを支え，企業経営の品質を高めるための内部統制の整備・運用・評価を目指していく中で，この2つの重要な法令の要件を満たしていくことが，現実的で効果的な取り組みといえるであろう。つまり，会社法の内部統制システムが，会社法に基づく計算関係書類を適正に作成する体制を含むものであることを考えると，監査役等監査として両者を区別する必要はないわけである。

6．金融商品取引法の規定する内部統制の監査

　　金融商品取引法には，財務報告に係る内部統制に対して監査役が監査することに関する明示的な規定はない。会社の代表取締役社長（指名委員会等設置会社においては代表執行役社長）がつくる内部統制報告書に関する監査は，有価証券報告書を監査する監査人が行うという規定になっている。

　　しかしながら，監査役の役割が，取締役(会)が善管注意義務および忠実義

務を守って職務を執行しているかどうかを監査することであるから，代表取締役が，金融商品取引法の規定に従って，財務報告が適正に作成されることを確保するための内部統制が有効に機能しているかどうかを評価し報告書を作成する過程を監視することは，監査役の善管注意義務であると考えられる。この点に関して，財務報告に係る内部統制の評価および監査の基準は，「監査役又は監査委員会は，取締役及び執行役の職務に対する監査の一環として，独立した立場から，内部統制の整備及び運用状況を監視，検証する責任を有している。」と明確に述べている[8]。したがって，監査役は，会社の内部統制の構築，整備および運用の状況について全般的に監査をする中で，会社の内部統制が会社法と金融商品取引法の要件を満たしているかどうかを監査することになる。

　財務報告に係る内部統制の評価と監査の過程で，監査役の立場から注意しなければならない重要な点をあげておく。代表取締役が財務報告に係る内部統制の評価を行い，その評価が適正かどうかという点を外部監査人が行うことが，金融商品取引法で規定されているわけであるが，内部統制基準等は，「財務報告に係る全社的な内部統制の評価の妥当性を検討するにあたり，監査役等の活動を含めた経営レベルにおける内部統制の整備及び運用状況を，統制環境，モニタリング等の一部として考慮する。」と述べている。つまり，監査役が，会社の内部統制の構築，整備および運用の状況を適正に監視しているかどうかということ自体が，内部統制の基本的要素である統制環境とモニタリングの内容を構成することになるとしている。これの意味するところは，監査役の監査活動は，内部統制の構築，整備および運用において，統制環境の重要な要素であり，モニタリングの中心的な役割を果たすことを前提に，監査役の監査活動が代表取締役による内部統制の評価と外部監査人の監査の対象となるということである。

　金融商品取引法の規定する財務報告に係る内部統制を評価するためには，金融商品取引法が，会社に対してどのようなことを要求しているのかということを，理解しておく必要がある。この点について，以下で見てみよう。

　なお，2018年7月改正監査基準は，監査人（公認会計士）の監査報告書に，「監査役等には，財務報告プロセスを監視する責任があること」を記載することを求めていることに留意する必要がある。

（1）金融商品取引法の財務報告に係る内部統制の有効性の評価とは何か

　金融商品取引法は，財務報告に係る内部統制の整備・運用を直接要求しているものではない[9]。財務報告に係る内部統制については，その水準の差はあっても，どの会社にも存在していることを前提に，それが有効に機能し，財務報告に虚偽の記載がなされないことを合理的な範囲で保証しているかどうかということを，代表取締役が評価し報告することを要求しているのである。

　一方で，会社法は取締役会に内部統制の整備および運用に関して責任を負わしている。この点を考えると，独立社外取締役は，金融商品取引法による内部統制の評価についても監督の責任をもち，その評価のプロセスについて適宜報告を受け外部の眼で見た意見を述べるべきである。

【内部統制の文書化】

　内部統制の有効性を評価するためには，会社の内部統制について文書で記述する必要がある。多かれ少なかれ，会社の規則や手続きなどは文書化されているので，この既存の文書類を見直し，必要であれば新しいものを整備するという手順になる。

【内部統制の評価項目】

　このような既存の文書を活用しながら，文書化を行い，それが内部統制の6つの基本的要素から見て，有効に整備され機能しているかをテストし評価することになる。金融庁の実施基準等がこれらの評価項目の例を提示しているので，その一部を，巻末に資料として添付しておく。

【内部統制の評価対象の選択】

　対象となる業務プロセスについては，全社的な業務プロセスと個別の事業部門の業務プロセスがある。財務報告に係る内部統制であるから，全社的な観点から評価する最も重要な業務プロセスの1つは，決算・財務報告書の作成業務に関する一連の業務プロセスである。それらの例としては以下のものがあげられる。

　・総勘定元帳から財務報告書を作成する業務プロセス
　・連結修正，報告書の結合および組替など連結財務諸表作成のための仕訳とその内容を記録する業務プロセス
　・財務諸表に関連する開示事項を記載するための業務プロセス

　どの事業分野を評価対象とするかという問題は，会社が負うリスクと内部統制の評価のためのコストとのバランスという経営判断を必要とする。したがって一律に論じるには無理があるが，考え方としては，会社の業務プロセスに含まれるリスクを棚卸したあと適切なリスク評価に基づいて優先順位をつけるリスクアプローチが推奨される。その上で，売上高のある水準までをカバーする事業拠点を対象とするという結果になることもあるであろう。

　また，それらの事業分野において評価対象とする業務プロセスについては，会社の事業目的に大きく関連する勘定項目，例えば，売上，売掛金および棚卸資産に至る業務プロセスはリスクアプローチによって評価の対象になる場合が多い。この点については前述した改訂内部統制基準を参考にしていただきたい。

　もう1つ内部統制の評価の対象に含めるべき重要な業務プロセスは，見積りや経営者による予測などの主観的判断を伴う重要な勘定項目や，複雑な手続きを要する勘定項目に係る業務プロセスである。このような業務プロセスの前者の例としては，引当金や固定資産の減損，繰延税金資産（負債）などがあげられる。また，後者の例としては，金融デリバティブの評価およびヘッジ会計などの業務プロセスがあげられる。

　この評価対象の選択の問題について詳細に述べるのは本書の範囲を超えるので，関心のある方は市販されている参考書を見ていただきたい。ただし，1つだけ留意していただきたいことは，この評価対象の選択の問題は会社の経営陣の経営判断が重要な基準になるということである。したがって，評価の範囲の決定に際しては，あらかじめ，内部統制の評価を監査する外部監査人と方向性についてある程度共通の理解をもつようにしておく必要がある。

　また監査役の立場からは，評価の対象の選択についての内部統制評価チームにおける議論を聴取し，あるいは報告を受けて，評価の対象の選択が合理的で恣意性のないものであるかどうかという点を検証しておく必要がある。

【内部統制の評価の方法】

　内部統制を評価するためには，文書化されたそれぞれの内部統制について，それが実際に効果的に運用されているかどうかについてテストする必要がある。その方法にはさまざまなものがあるが，代表的なものとして以下の3つがあげられる。

　　・重要書類の閲覧
　　・サンプリングによる証憑の調査
　　・業務プロセスにおける主要な使用人へのインタビュー

　これらの評価方法については，評価を実施する際につくられる評価計画の中で決められることになるので，内部統制の評価の方法についても，内部統制の評価チームから情報収集し，その方法が妥当なものであるかどうかを確認しておく。

【内部統制の有効性の評価の手順】

　内部統制のテストをした結果に基づいて，それぞれの内部統制について，それが実際に効果的に運用されているかどうかを判断する。この判断基準には内部統制の「不備」と「開示すべき重要な不備」という2つがある。この

「不備」と「開示すべき重要な不備」の関係については，内部統制基準等は次のように述べている。

「統制上の要点にかかわる不備が財務報告に重要な影響を及ぼす可能性の高い場合は，当該内部統制に開示すべき重要な不備があると判断しなければならない。」

【IT内部統制の評価】

内部統制の6つの基本的要素の1つに「ITへの対応」がある。この「ITへの対応」は2つの側面をもつ。1つは，ITに支援された内部統制の構築と運用である。もう1つの側面はIT業務の内部統制（以下「IT内部統制」という）である。ここでは，このIT内部統制の評価について概略を見ておく。

IT内部統制は，IT全社統制，IT全般統制，IT業務処理統制という3つの局面をもつ。このうち，社外取締役・監査役として監督・監査の重点的な対象とすべきものがIT全社統制である。このIT全社統制はITに係る戦略的枠組みとして位置づけられ全社的内部統制の一部を構成する。

IT全社統制については，箱田順哉他著，一般社団法人日本経営調査士協会編の『これですべてがわかる内部統制の実務〈第5版〉』による次のような説明がわかりやすい。

「IT全社統制は，経営戦略・その他の組織の方針から影響を受け，IT戦略策定等，経営方針実現のためのIT施策の基礎を提供することとなる。また逆に，IT全社統制は，組織経営に影響を与えることもある。たとえば，テクノロジーの変化，組織のITリテラシーの変化等，組織のITを取り巻く環境の変化を組織経営の方針に取り込むことが必要である。このように，IT全社統制は，全社的な内部統制のなかで経営とIT関連業の橋渡しを行うこととなる。」

このIT全社統制の具体的な評価項目の例は，巻末の資料2「財務報告に係る全社的な内部統制に関する評価項目の例」において【ITへの対応】と

して例示されているので参照されたい（242ページ）。

　次にIT全般統制とは，IT業務全般に影響を与えるIT業務に関する統制を意味する。したがって，IT全般統制は次の業務プロセスにおける内部統制が，有効に機能しているかどうかを評価する。

　・IT業務に関する計画の策定と見直し

　・システムの開発と保守

　・システムの運用・管理

　・内外からのアクセス管理などのシステムの安全性の確保

　・外部委託に関する契約およびサービスレベルの管理

　IT業務処理統制とは，業務プロセスを支援するITアプリケーションが，業務の目的を効率よく有効に支援することを確保するための内部統制である。この観点からは，例えば次のような点を評価する。

　・入力情報の完全性，正確性，正当性等が確保されているか

　・エラーデータの修正と再処理の機能が確保されているか

　・マスタ・データ（基本となるデータ）の正確性が確保されているか

　・アプリケーション・システムの利用に際しての認証や操作範囲の限定など適切なアクセス管理がなされているか

【有効性の判断基準】

　何をもって「不備」とし，なにをもって「開示すべき重要な不備」とするかということは，会社の状況によって異なる。判断の基準等については，実施基準に示されている考え方を要約すると次のようになる。

　● 内部統制の不備

　　内部統制の不備は整備上の不備と運用上の不備がある。

　　整備上の不備は内部統制が存在しない，あるいは規定されている内部統制では，内部統制の目的を十分に果たすことができないなどの不備である。

運用上の不備は，整備段階で意図したように内部統制が運用されていない，または運用上の誤りが多い，業務に携わる者が内部統制の内容や目的を理解していないなどの不備があげられる。

・**開示すべき重要な不備**

開示すべき重要な不備とは，内部統制の不備のうち，一定の金額を上回る虚偽記載，または質的に重要な虚偽記載をもたらす可能性が高いものをいう。いずれの場合にも，開示すべき重要な不備の判断については，会社の状況を勘案した経営者の判断が要求される。経営者は，判断基準についての明確な説明責任を負う。

例えば，金額的な重要性については，連結総資産，連結売上高，連結税引前利益に及ぼす影響，つまりそれらの金額の何パーセントに影響を与えるかという考え方で判断する方法がある。

質的な重要性の判断については，次のようなものがある。

◇上場廃止基準や財務制限条項に係る虚偽の記載事項が，投資判断にどのような影響を与えるか

◇関連当事者との取引や大株主の状況に関する虚偽の記載事項などが財務報告の信頼性にどのような影響を与えるか

したがって，これらの判断については，経営者の明確な考え方に基づいて行われること，その考え方を明確に文書で説明することが必要となる。

また，開示すべき重要な不備と判断された場合には，取締役（会）と監査役（会）に直ちに報告され，必要な是正措置がとられなければならない。

【監査役等の役割】

内部統制の有効性の評価は，監査役等による業務監査および会計監査の有効性に直接関係する。したがって，内部統制の有効性の評価の過程で，評価チームと監査役の情報および意見交換は重要である。特に監査役等は次のような点について，評価チームの作業の妥当性について検証することが必要である。

・評価の対象範囲，範囲の選定の方法は妥当か

　「不備」，「開示すべき重要な不備」の基準，および基準の設定に関する考え方と方法は妥当かという点について，取締役および外部監査人から十分な情報を収集し，その基準の合理性について確認をしておく必要がある。

・評価作業は，適正な手続きを経てなされているか

・評価の手続，評価結果，発見した不備とその是正処置などが適切に記録され保存されているか

・開示すべき重要な不備が発見された場合，取締役（会）および監査役（会）に，適正な手続きを経て正確に報告されているか　など

　この検証には，IT内部統制も含まれる。IT内部統制は，IT監査あるいはシステム監査と密接な関係がある。監査役は，内部監査部門よるIT監査の結果などを情報収集し，IT監査チームと情報交換することによって，会社のIT内部統制の要点について把握しておくことが重要である。

（2）金融商品取引法の財務報告に係る内部統制の監査とは何か

　経営者による「財務報告に係る内部統制」の評価は，内部統制報告書として有価証券報告書とともに，内閣総理大臣に提出されることになっている。金融商品取引法は，経営者による「財務報告に係る内部統制」の評価が適正であるかどうかという点を，外部の独立した監査人が監査し，監査証明を受けることを義務づけている。これを内部統制監査という。

　実施基準等では，この外部の独立した監査人は，原則，有価証券報告書を監査した同一の外部監査人の中でも同一の監査人とすることとしている。

　外部の監査人による監査の内容についての詳細は，実施基準等や他の説明書に譲るが，ここでは，監査役等との関わりで重要な点を1つ述べておく。それは，外部の監査人と監査役との関係が相互監視的なものになるということである。

　つまり，監査役等の立場からは，外部の監査人が適切な方針と手続きにより，経営者による「財務報告に係る内部統制」の評価に対する監査を行っているかどうかを監視することになる。その結果は，当該外部監査人の適正性に関する監査役等の判断の材料になる。この監査役等による監視には，監査の質に対して報酬の水準はバランスがとれているかという点も含まれる。

　逆に，監査役等が，取締役による内部統制の構築，整備および運用とその評価について適正に監視しているかどうかという点が，外部監査人の監査の対象の1つになる。

　したがって，内部統制の構築，整備および運用とその評価という一連の過程で，監査役等は常に外部監査人と連携を保ち，情報および意見の交換を行うことが重要である。

（3）金融商品取引法に基づく「内部統制報告書」と「内部統制監査報告書」の内容

　経営者の作成する内部統制報告書の記載内容の詳細については，内部統制基準等の原文を参照していただきたい。

　この内部統制報告書の重要な点は次のようになる。

【評価の範囲と評価手続】
　・評価の範囲および範囲を選択した考え方
　・内部統制の「不備」および「開示すべき重要な不備」についての判断基準と考え方

【評価結果】
　・財務報告に係る内部統制が有効である旨
　　または
　・開示すべき重要な不備があり，財務報告に係る内部統制が有効でない旨
　・開示すべき重要な不備の内容，判断した理由，それが期末時点で是正さ

れていない理由

一方，内部統制監査報告書は，原則として，有価証券報告書等の財務諸表監査における監査報告書にあわせて記載するものとされている。この内部統制監査報告書の記載内容の詳細も内部統制基準等に示されているので参照していただきたい。

監査の結果としての監査意見は，次のようになる。

【無限定適正意見】

一般に公正妥当と認められる内部統制の評価の基準に準拠し，財務報告に係る内部統制の評価について，すべての重要な点において適正に表示していると認められると判断した場合。

【限定付適正意見】

経営者が決定した評価範囲，評価手続，および評価結果に関して不適切なものがあり，無限定適正意見を表明することはできないが，その影響が内部統制報告書を全体として虚偽の表示にあたるとするほど重要でないと判断した場合には，除外事項を付した限定付適正意見を表明。

また，重要な監査手続きを実施できなかったことにより，無限定適正意見を表明できないが，その影響が内部統制報告書を全体として意見表明できないほどには重要でないと判断した場合は，除外事項を付した限定付適正意見を表明。

【不適正意見】

内部統制報告書において，経営者が決定した評価範囲，評価手続，および評価結果に関して著しく不適切なものがあり，内部統制報告書が全体として虚偽の表示にあたると判断した場合には，内部統制報告書が不適正であると表明。

【意見不表明】

　重要な監査手続を実施できなかったことにより，内部統制報告書に対する意見表明のための合理的な基礎を得ることができなかったときは，意見を表明してはならない。この場合には，監査人は，内部統制報告書に対する意見を表明しない旨，およびその理由を記載しなければならない。

7．内部統制の監査における社外監査役等の関わり方

　監査役等による内部統制の監査について，会社法の側面と金融商品取引法の側面から見てきたわけであるが，この中で社外監査役等はどのような役割を果たすのであろうか。実際には，常勤監査役が，ここで述べた内部統制の監査の中心的な役割を果たすことになるであろう。

　しかし法律的には，非常勤の社外監査役等と常勤監査役の権限と責任について，何の差異もない。したがって社外監査役等としては，ここで説明した内部統制の監査とは何か，監査役等はどのような役割を果たさなければならないかという点について，よく理解しておくことが重要である。そして，内部統制に関する監査業務についての報告のループの中にしっかりと入り込んでいることが重要である。そのような報告書から得た情報について，よく分析し，内部統制の構築，整備，運用および評価の過程で重要な問題を発見した場合は，社外の独立した立場からの意見を述べることが必要である。

8．リスクアプローチの業務監査への応用

　この章のはじめの部分で，「監査役の監査業務，特に業務監査については，多くの監査役がどのようにすればよいのかということに悩み，個々の監査役が独自に工夫しながら監査業務を行ってきたが，内部統制基準等で示された内部統制構築のための枠組みと多くの道具あるいは考え方は，監査役の監査業務にとって強力な武器になるはずである」と述べたが，これについて具体的に見てみよう

　多くの業務分野に対して限られた時間という制限の中で，業務監査と会計

監査を連携させながら，実効的に監査の要点をおさえるにはどのようにすればいいだろうか。

まず会社の業務を見渡してみよう。会社には，全社的な業務である経営企画，経理・財務，法務，人事，ITなどの業務および各事業分野がもつ営業，購買，在庫管理，製造，配送などさまざまな業務があり，それらの業務はその中にさらに細かい業務を含んでいる。これらの業務を，下からすべて掬い上げて1つひとつ見ていくことは，相対的に時間の制約の少ない常勤監査役にとっても不可能である。

そこで効果を発揮するやり方が，リスクアプローチといわれる方法である。この方法は，実施基準等が提示する方法である。金融商品取引法における財務報告に係る内部統制に関する規定に対応している会社は，基本的にこのアプローチをとっているはずである。したがって，上場会社の監査役は，会社が取り組んできた内部統制の構築又は整備に関する書類，つまり内部統制構築の計画書，内部統制の文書（業務記述書，業務フローチャート，およびリスクコントロールマトリックス）などの情報を得ることで，リスクアプローチによる業務監査および会計監査の要点をおさえて効果的な監査業務のための準備ができる。

❗もう少し説明⑧　内部統制文書の3点セット

　金融商品取引法で規定される財務報告に係る内部統制の評価を行う際には，内部統制の内容が文書で記述されていないと，評価することができない。この内部統制の内容を記述する次の文書を内部統制文書の3点セットと呼んでいる。

【業務記述書】
　内部統制の対象となる業務プロセスの内容を文書で記述したものである。

【業務フローチャート】

　上記の業務記述書に基づいて業務の流れを図示したフローチャートである。ITとの関連では，業務の流れを業務アプリケーションと関連づける。この業務の流れのどこにリスクが潜在しているかを分析する。

【リスクコントロールマトリックス（RCM）】

　業務プロセスの中に潜在する主要なリスクを洗い出し，その主要なリスクの発生をできるだけおさえ，もしそのリスクが発生した場合にその損害をできるだけ低くおさえるための仕組みと手続を記述した表である。これが具体的な内部統制の内容になる。

　このリスクアプローチによる業務プロセスの構造と潜在する重要なリスクの理解に加えて，監査役としておさえておくべきことは，コンプライアンスリスクである。会社が営んでいる事業において，会社の遵守しなければならない主要な法令を理解しておくことである。

【リスクアプローチとは何か】

　リスクアプローチとは，それぞれの業務プロセスに潜在する，会社の目的の遂行を阻害する不確実な要因，つまりリスクを洗い出し，そのリスクが生起する可能性と，生起したときの会社に与える損害額の大きさを評価し，重要なリスク要因に優先度をつけて，リスクへの対応策を検討するというアプローチである。この方法は，会社の活動とそこに潜在するリスクを鳥瞰的に捉えて，優先度の高いリスクを抽出する方法であり，費用対効果の高い方法である。

　一方で，重要なリスク要因に優先度をつけるためのリスク要因の評価の過程で，経営者の高度な経営判断が要求される。そして，その判断の根拠について，経営者は文書で説明をしておく責任がある。

（1）会社の目的と経営戦略の理解

　リスクアプローチの方法をとるには，まず会社の目的，その目的を達成するための経営戦略をよく理解していなければならない。なぜなら，目的達成を阻害する不確実な要因がリスクであるから，会社の目的を理解していないとリスクそのものを判別することが難しくなるからである。監査役は，その就任までの準備過程および就任後の活動で，会社の代表取締役，取締役から会社の目的とその目的を達成するための経営戦略については，情報収集を行っているはずであるから，その情報を監査活動に最大限利用すべきである。

（2）業務プロセスの構造の理解

　リスクアプローチの次のステップは，会社の目的を達成するための経営戦略に沿って営まれる業務の構造を理解することである。この業務プロセスの構造を理解し易くするための簡単な枠組みをここで提示する。どのような業種の会社もその業務プロセスの構造を単純に描けば次のようになる。

【会社全体を支援する業務プロセス】

　会社全体を支援する業務プロセスとしては，経営企画，人事，法務，経理・財務，ITなどがある。

【事業を遂行する業務プロセス】

　そして，個別の事業分野において，事業を支える業務プロセスは，どの会社も単純に分けると，次の3つになる。

　　・外部から資源を投入するプロセス
　　・内部で付加価値をつけるプロセス
　　・外部に対し商品やサービスを提供するプロセス

　この事業を遂行する一連の業務プロセスは，別の言葉でいえば，ビジネスモデルである。したがって，この事業を支える一連の業務プロセスであるビ

ジネスモデルは，会社が異なる事業を営んでいればその数だけあると理解すべきである。

どのようなビジネスモデルもこの単純な枠組みで理解できる。例えば，ITに関する事業において，2つの異なるビジネスモデルを見てみる。

> ビジネスモデルA：標準的なパソコンを，効率的で生産性の高い工場で組み立て，量販店を通じて販売する。CPU，メモリーなどの主要部品は海外を含めた外部の業者から購入する。
> ビジネスモデルB：付加価値の高いソフトウェアを開発し，インターネットを通じて販売する（e-Commerce：EC）。

ビジネスモデルAの場合には，業務を遂行する一連の業務プロセスは次のような構造になる。

〈外部から資源を投入するプロセス〉

　・CPUチップ，メモリー，液晶パネルなどの部品の購入

　・部品の搬入と在庫管理

〈内部で付加価値をつけるプロセス〉

　・CPUの組み立て

　・検査

　・製品在庫管理

〈外部に対し商品やサービスを提供するプロセス〉

　・搬出と輸送

　・流通チャネル管理（量販店）

　・アフターサービス

　・クレーム処理

一方で，ビジネスモデルBの場合には，業務を遂行する一連の業務プロセスは次のような構造になる。

〈外部から資源を投入するプロセス〉
- ・開発のためのソフトウェアの購入
- ・設計またはソフトウェア開発の一部をアウトソーシング

〈内部で付加価値をつけるプロセス〉
- ・研究開発
- ・ソフトウェアの実働テスト

〈外部に対し商品やサービスを提供するプロセス〉
- ・EC（電子商取引）の管理（顧客情報・パスワード管理，サーバー保守等）
- ・アフターサービス
- ・クレーム処理

　このような単純な枠組みでも，それぞれの業務プロセスに潜むリスクは，それなりに見えてくる。例えば，ビジネスモデルAでは，主要部品を外部から購入しているために，安定した部品供給を維持すること，海外からの調達にはその問題に加えて為替リスクなどのリスクがある。また流通面では，価格政策の主導権を量販店に握られるというリスクもある。

　ビジネスモデルBでは，最も重要な業務プロセスである研究開発において，競争相手がまったく新しい技術をもって，自社の技術があっという間に陳腐化してしまうというリスク，インターネット上のパスワード管理の失敗のリスクなどの例である。

　これらは単純な例のように見えるが，要点は，監査役として監査をする対象の会社の業務プロセスの構造を，このようなかたちで見ていくと主要なリスクが見えてくるということである。

　このリスクアプローチのもつもう1つの利点は，業務監査と会計監査を実際に見える形で関連づけて行うことができるということである。この点について，次に説明する。

【業務監査と会計監査の関連づけ】

　業務監査と会計監査を実際に見えるかたちで関連づけて行うことができるということを説明するために，わかりやすい業種として，自動車製造業を例にとって，少し単純化して考えてみる。すると，業務を遂行する一連の業務プロセスの構造は次のようになる。

〈外部から資源を投入するプロセス〉

　　電力・ガス・水などの公共財の投入，生産設備の設置・保守，鋼材，タイヤ，部品などの購入，いわゆるカンバン方式などの搬入ロジスティクスなど

〈内部で付加価値をつけるプロセス〉

　　塗装，組み立て，ぎ装，検査など

〈外部に対し商品やサービスを提供するプロセス〉

　　販売業務，販売会社への輸送，顧客サービス業務など

■図表5-4　リスクアプローチによる業務監査と会計監査の関連づけ（例）

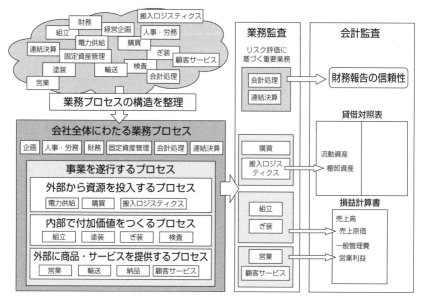

　上の例で，会社全体にわたる業務プロセスまでを含めて，複雑で多岐にわたる業務を，会計監査に関係づける仕組みを図示したのが図表5-4である。

　会計処理，決算業務，連結決算業務は，会社全体にわたる業務の中でも，直接財務報告の正確性に影響を与えるプロセスであるから，業務監査では十分な注意を払う。

　ここでの例にあげたビジネスモデルにおける競争力の源泉は，カンバン方式などの搬入ロジスティクスとそれに効率よく連携した組立プロセスにある。逆にいうと，この重要な業務プロセスに潜在するリスクが顕在化した場合には，このビジネスモデルにとって大きな脅威になる。

　また搬入ロジスティクスの異変は，貸借対照表の棚卸資産や損益計算書の原材料費に関係してくる。また，塗装，組み立て，ぎ装，検査などの業務プロセスに起きる異変は，製品原価の変動を通じて利益に影響を与える。

　社外監査役の立場からは，このように鳥瞰的にリスクを見ることで，業務監査と会計監査を関係づけて，効果的に監査のつぼをおさえることができる。

注

1) 国際統合報告評議会（IIRC：International Integrated Reporting Council）は，イギリスで2010年7月に創立された世界的な非営利組織である。主な活動として，企業のこれまでの業績などの財務情報だけでなく，環境保全や地域貢献をどれだけしているかという非財務情報もまとめた情報公開のフレームワークである「統合報告（Integrated reporting）」の開発・促進を行っている。

2) 経済産業省が2018年12月に解説書「TCFDガイダンス」を公表。その後，民間主導で設立されたTCFDコンソーシアムが，企業がTCFDに沿った開示をより充実させることを目的に「TCFDガイダンス」の改訂版として「TCFDガイダンス2.0」を策定している。（https://tcfd-consortium.jp/pdf/news/20073103/TCFD%20Guidance%202.0.pdf）

3) 新COSOに関する説明は日本内部統制研究学会2013年8月31日の「COSO内部統制報告書改訂版が我が国に及ぼす影響—最終報告—」（以下「日本内部統制研究学会報告」という）に拠っている。

4) 日本内部統制研究学会（現・日本ガバナンス研究学会）第6回年次大会（2013年8月31日開催）における研究部会報告「COSO内部統制報告書改訂版がわが国に及ぼす影響—最終報告—」

5）会社法では内部統制システムという言葉が使われ，金融商品取引法では内部統制という言葉が使われている。両者とも意味に差はないので本書では内部統制という言葉を使う。ただし，会社法の内容について説明する場合には，内部統制システムという言葉を使う。

6）会社法第348条第4項，会社法第362条第5項，会社法第416条第1項第1号ホ

7）金融商品取引法第24条の4の2第1項

　　第24条第1項の規定による有価証券報告書を提出しなければならない会社（中略）は，内閣府令で定めるところにより，当該有価証券報告書の記載内容が金融商品取引法令に基づき適正であることを確認した旨を記載した確認書（以下この条および次条において「確認書」という）を当該有価証券報告書（中略）とあわせて内閣総理大臣に提出しなければならない。

　　金融商品取引法第24条の4の4第1項

　　第24条第1項の規定による有価証券報告書を提出しなければならない会社（中略）は，事業年度ごとに，当該会社の属する企業集団および当該会社に係る財務計算に関する書類その他の情報の適正性を確保するために必要なものとして内閣府令で定める体制について，内閣府令で定めるところにより評価した報告書（以下「内部統制報告書」という）を有価証券報告書（中略）とあわせて内閣総理大臣に提出しなければならない。

　　金融商品取引法第193条の2第2項

　　金融商品取引所に上場されている有価証券の発行会社その他の者で政令で定めるものが，第24条の4の4の規定に基づき提出する内部統制報告書には，その者と特別の利害関係のない公認会計士または監査法人の監査証明を受けなければならない。（後略）

8）財務報告に係る内部統制の評価および監査の基準は，それ自体法律的な効力はないが，内部統制府令（正式には，「財務計算に関する書類その他の書類の適正性を確保するための体制に関する内閣府令（内閣府令第62号）」）第1章第1条等で法律的な効力を付与されている。内部統制府令第1章第1条

　　金融商品取引法（以下「法」という）第24条の4の4（法第27条において準用する場合を含む。以下同じ。）の規定により提出される内部統制報告書の用語，様式および作成方法は，この府令の定めるところによるものとし，この府令において定めのない事項については，一般に公正妥当と認められる財務報告に係る内部統制の評価の基準に従うものとする。

9）ただし，多くの会社は「財務報告に係る内部統制」とはどのようなものか，どのように構築すればいいのかなどの点について理解することに悩んだ。そこで，会社によって差異はあるものの，一定の共通な基準を明示する必要性に基づいて，金融庁が提示したものが「実施基準等」である。

第6章

経営の重要場面での社外取締役・監査役等のモニタリングと基本知識

1．経営の重要場面について

　ここまで企業価値の創造という観点から，独立社外取締役，監査役等の責務と役割について見てきたが，実際の経営の重要場面で独立社外取締役，監査役がどのような問題に直面するか，その場合の判断の基準となるものは何かという点についてここで検討することにする。

　ここで想定される経営の重要場面については東京証券取引所の発行している「東証独立役員ハンドブック」に14の経営の重要場面が記載されているので，それらをここで紹介しよう。

　①取締役選任議案の決定

　②代表取締役の選定

　③役員報酬プランの策定

　④経営目標の設定および業績報告

　⑤新規事業への参入

　⑥M&Aその他事業再編

　⑦買収防衛策

　⑧新株発行等による資金調達

　⑨借入れによる資金調達

　⑩剰余金の処分

　⑪取締役の利益相反取引

　⑫支配株主との取引

　⑬MBOその他の非公開化

　⑭不祥事発覚時の対応

　これ以外にも経営の重要場面は数多くあるのでそれらをここで，すべて網羅することは本書の意図するところではない。ここでは，特に重要と思われる経営の場面において独立社外取締役，監査役等という非業務執行役員がどのような視点をもって業務執行役員の業務執行の監督を行わなければならないかということを検討することにより，より普遍的な視野をもつことができ

るようにするというのがここで意図することである。ここでは，次の３つの重要な経営場面について検討する。

　①経営戦略・経営計画の策定とその実践

　②利益相反取引

　③企業不祥事への対応

2．善管注意義務と経営判断の原則

　個別の論点に入る前に，経営の重要場面での独立社外取締役・監査役等のモニタリングにおいて最も基本的な原則をもう一度再確認しておく。それは善管注意義務と経営判断の原則である。

　69ページでも述べたように会社の取締役，監査役等は株主から会社法で定められる取締役，監査役等のそれぞれの責務を果たすことを株主から委任されるという委任契約に基づいて職務を行うという法律上の取り決めになっている（会社法第330条，民法第643条，民法第644条）。具体的には，業務執行取締役の場合でいうと，会社の戦略を決定し，それに沿った経営計画を策定し，それを日々の業務に落とし込み，指揮・命令を通じて業務の執行を行うことで継続的に企業価値を高め，それを保証するための内部統制の整備と運用を行うためのリーダーシップ，知識，経験等をもっていると株主に信頼されて，株主総会で選ばれその責務を委任されるのである。また，社外取締役，監査役等の非業務執行役員は業務執行役員の業務の執行が，株主およびその他のステークホルダーの利益を損なうことなく，また法令や定款に違反することなく，上記の業務を経営計画の実現に向けて行っているかどうかを監督するための知見と経験をもっていると株主に信頼されて株主総会で選出されてその責務を委託されているのである。

　そしてこの委任契約が，株主と取締役・監査役等との信頼関係に基づいているということによって委任されたものがもつ義務が「善良な管理者の注意義務」いわゆる善管注意義務である。

　それでは，善管注意義務を全うして会社の経営にあたるということは具体

的にどういうことか。取締役の場合は，経営判断に関して責任を負う義務，他の取締役の職務の監督の義務，そして内部統制システムの構築と運用の義務の3つの義務を果たすことが求められる。

その中でも経営判断に関して負う責任についてはどこまでの責任を負わなければならないかという問題は取締役にとって重要な問題である。この判断基準となるものが経営判断の原則というものである。第4章2・6.「(2)経営判断の原則」に記載してあるので再度確認していただきたい。

なお，その「経営判断の原則」のうち「意思決定内容が法令又は定款に違反していないこと」と「意思決定が取締役の利益又は第三者の利益でなく会社の利益を第一に考えてなされていること」は会社法第355条に定める取締役の忠実義務を構成する内容である。

簡単にいえば，取締役は経営判断の原則を守って十分な情報と適切なリスクマネジメントに基づいて合理的に意思決定した事項によって発生した損失については訴訟されても法律的な損害賠償の責任は逃れられるということである。

しかし，ここで注意しなければならないのは，法律的な損害賠償の責任と経営責任とはまったく異なるということである。経営判断の原則に従って善管注意義務を果たしていたとしても，事業が計画通りに行かず最終的に大きな赤字に陥り，企業価値を毀損するということはそれほど珍しいことではない。しかし，大きな赤字が3期も4期も続くという状況においては，経営者はその責任をはっきりと認識し経営の指揮権を譲るという決断が必要である。残念ながら，日本の企業の過去，現在を見てみると数期にわたって最終損益の赤字という中でも依然として経営者の席を譲らず，また代表取締役を監督する責任のある他の取締役も，代表取締役に対して何もいえないという状況が珍しくない。また，形だけ代表取締役を譲っても依然として相談役等の職に残り隠然たる影響力をもつケースも日本の企業社会に散見される特徴の1つである。

ここで，そのような代表取締役に対して責任をとって交代を勧告すること

や隠然たる影響力を振るう元経営者に対して退陣を迫ることは，社内共同体のしがらみのない独立社外取締役の重要な役割の１つである。

３．社外取締役の知見

　社外取締役の設置を否定する議論の中で，最も頻繁に登場する意見が，「会社や業界のことを知らないで取締役が務まるわけがない」というものである。もし，その取締役が業務執行役員であればこの議論は正当なものである。しかし，社外取締役は非業務執行役員である。社外取締役の役割は株主の目をもって業務執行取締役の職務の執行を監督することである。言い換えると，毎回の取締役会を株主総会のような緊張感のある場にすることである。

　ところが，社外取締役を置かない監査役会設置会社の場合には，この取締役の職務執行の監督がきわめてあいまいになること，特にその他の取締役の選任権を実質的にもつ代表取締役に対する監督についてはほとんど機能しないことになる構造的欠陥をもっているのである。これこそが社外取締役を必要とする理由であり，社外取締役はこの点をよく認識しておかなければならない。

　もちろん，社外取締役が会社の内情や業界について詳しく知っていることに越したことはないが，上で述べた観点からはそれは必要条件ではない。ただ，このことは独立社外取締役が会社や業界についてより深い知識を得ようとすることを否定するものではない。それはそれで，必要な努力である。

経営戦略・経営計画の策定とその実践

１．経営戦略・経営計画の策定

　ここでは，経営戦略・経営計画の策定の意思決定のプロセスにおいて社外取締役，監査役等の非業務執行役員がどのような観点からそれを監督しなければならないかという点について検討するものであり，経営戦略・経営計画の策定の方法論を述べるものではない。その点は他の経営書に譲ることにする。

　経営戦略・経営計画の策定の意思決定のプロセスは，その中に，新規事業への進出，資本政策・資金調達，事業再編・撤退，M&A，MBO，子会社買収などのいくつかの重要な意思決定の事項を含んでいるが，それらを個別に論じることにする。

　取締役会において3か年計画や5か年計画などの中期経営計画を決議する場面において，会社の事業や業界について内部の業務執行取締役ほど詳しく知らない独立社外取締役が存在価値を示すには何をしなければならないだろうか。それは何度も原点に戻るが，株主の目で中長期計画を見ることである。つまり，「株主の資本を効率的に使っていますか」という視点である。この点をみるための1つの道具は，ROEが売上高利益率，総資産回転率，財務リバレッジ（自己資本比率の逆数）の掛け算で置き換えられることを利用して，収益性，資産効率，財務リバレッジの観点から会社の経営戦略を見てみることである。図表6－1はこの点を図示したものである。

■図表6－1　会社の経営戦略をROEから見る視点

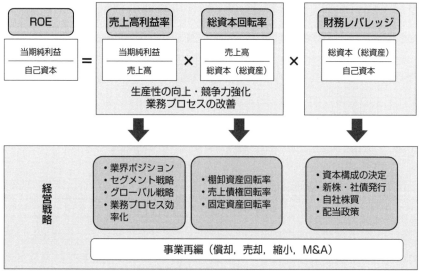

出所：伊藤邦雄『ゼミナール企業価値評価』日本経済新聞社，2007年を参考に筆者作成。

　収益性の観点からは，さまざまな戦略は現在の競争上のポジションを改善するか，業務の効率性改善に対する施策は適切かなどの視点が求められる。また資産の効率性については，棚卸資産回転率，売掛債権回転率，不良債権の状況などを時系列的にまた優良競争相手とのベンチマーク等の手段で確認することが必要である。また，財務リバレッジの観点からは，自己資本比率の時系列データや業界との比較などでチェックすることもできる。内部の業務執行取締役ほど詳しく会社の業務を知らなくても，取締役会においてこのような複数の視点からさまざまな質問をすることができる。それによって毎回の取締役会に株主総会の緊張感をもたらすことができ，経営の方向性をチェックできるのである。

　以下は，より具体的なチェックポイントの例であり取締役会でこれらのポイントが明確に説明されなければ質問して明確にすることが，独立社外取締役，監査役等の非業務執行役員の役割である。

①会社の理念との整合性はとれているか

　・会社の理念と中長期的な目的は明確に説明されているか
　・提示された中長期の経営戦略・経営計画は，会社の理念に沿っているか。

　会社の理念に沿わない事業を行い失敗した典型的な例は，1980年代のバブルの時期に不動産投資で失敗した多くの企業に見ることができる。もっともこの時期にはコーポレートガバナンスという考え方すら存在しなかったのであり，それゆえに企業の無謀な投資が連鎖的にバブルを膨らましたのである。

②売上高の成長の駆動要因はなにか

　・会社の経営計画の基礎となり企業価値の源泉となるものはいうまでもなく売上高である。したがって，経営計画は売上高の見通しを作成することからスタートするが，売上高の成長を駆動する主要な要因について明確に特定されているか

- 売上高の成長を駆動する主要な要因についてのリスクが十分に評価されているか
- リスク評価に基づいた売上高について複数のシナリオがあるか
- 複数のシナリオから売上高計画を策定した意思決定プロセスは合理的で株主にたいして十分説明できるものか

③収益力の源泉はなにか
- 収益力の源泉は明確に特定されているか
- 収益力の源泉に対するリスク評価は適切になされているか
- 収益力の源泉に対するリスクのシナリオは複数用意されているか
- 複数のリスク・シナリオから収益計画を選択する意思決定プロセスは合理的で株主に対して十分説明できるか

④資産の効率性はどうか
- 棚卸資産回転率は優良競争相手に対し比較優位性をもっているか
- 売掛債権回転率は適正か
- 不良資産の状況はどうか

⑤計画を達成するための投資の規模と資本政策はどのようなものか
- 計画達成のための投資の規模はどのようなものか
- 株式の増資計画はどうか
- 長期資金の借入計画はどのようなものか
- キャッシュフローの見通しはどのようなものか
- ROEの見通しあるいは目標はどうか
- 資本コストについてはどのように考えているか
- 新規の投資計画，M&Aなどの投資の限界資本効率は資本コストを上回っているか
- 配当政策はどのように考えているか

⑥人員の計画はどうか

　・計画を達成するための人員計画はどのようなものか

　・この経営計画を支える社員の研修・教育計画はどのようなものか

⑦必要な研究開発と研究開発費はどうか

　・この経営計画を達成するために必要な研究開発は何か

　・研究開発費はどのくらいの規模か

　・研究開発費以外の特許・その他の知財は必要か

２．新規事業への進出

　個別の新規事業への進出を検討する取締役会での議題については，社外取締役，監査役等の非業務執行役員にとってはより具体的な内容になるが，基本的なチェックポイントは経営計画と変わらない。

　しかし，ここで1つ検討しなければならない点は新規事業を遂行するに値するかどうかについて意思決定を行うための手法である。これについてはさまざまな方法があるが最も一般的に行われている方法がDCF（Discounted Cash Flow）法という方法である。このDCF法については独立社外取締役や監査役等になる人の多くは熟知していると思われるのでここでは説明を省略するが，初めて耳にする人は他の経営書を参考にして勉強しておくことが必要である。一般的には，このDCF法に基づいて最も可能性のある計画を立てるが，その計画を中心にして，最もうまく行った場合と，最悪の場合を策定しておくことが普通である。これによって計画をモニタリングする場合，どちらに近づいているかモニタリングすることができる。

　この新規事業に関する意思決定の方法については，さらに進んだ方法がある。それは，上記の最良，中程度，最悪の3つのケースからさらに発展させてモンテカルロ・シミュレーションという手法で何万というケースを計算し，その結果を分布として見る手法である。この場合，売上高，経費などの主要な要因のうち確率変数で表せる要因について確率分布を仮定し，何万という

キャッシュフローを確率分布で表現することができる。このため，この事業が特定のキャッシュフローの額以下しか生み出せない確率はおよそ何％というように計画を評価できる。

３．資本政策・資金調達

　資本政策と資金調達については，経営計画のところで述べたが，社外取締役としては，これを資本効率と資本コストに関連づけて常に考えておく必要がある。

【内部留保に対する政策】

　利益剰余金を内部留保というかたちで蓄え多くの現金が手元流動性として置かれていることについてどのように考えるかという点を考えてみる。

　内部留保は将来の成長あるいは財務の安全性のために会社が留保している資金であるという考え方がよくあるが，この考え方の延長には内部留保にはコストがかからないという考え方がある。しかし，株主の目から見ると，これは大きな誤解である。

　内部留保は，株主がリスクをとって投資した会社の事業から最後に株主に残された利益のうち配当や自社株買いなどの手段によって株主に返還されたあとに残ったお金の蓄積であり，株主資本の一部である。したがって，この内部留保には株主資本コストというコストがあり，株主のものである以上，その使途については明確な説明が株主になされるべきである。つまり，将来の成長に備えた資金であるというのであれば，その資金を使ってどのような事業を行いどういう成長をしていくかということを示さないかぎり内部留保を経営者が留保しておく正当性はないのである。

　図表6－2は日本銀行の資金循環表による民間非金融法人企業の貸借対照表の左上に眠っている現金・預金の金額を示したものである。2023年12月末時点で351兆円もの現金・預金が眠っているのである。眠っているというのは，その巨額のお金がある場所は銀行預金であり，そのお金の大きな部分が利回りゼロに近い国債になっているという事実である。つまり204兆円が銀行に

■図表6－2　企業（非金融）に眠る現金・預金

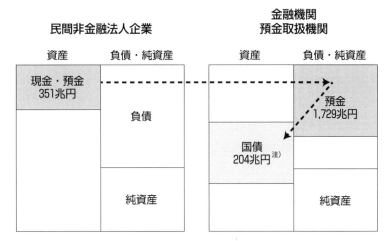

注）国庫短期証券国債・財投債・地方債・政府関係機関債を含む。
出所：日本銀行「資金循環表」2023年12月31日時点。

よって国債に投資されているのである。

　これはマクロの図であり，個別の企業によってはこの様子も異なるであろ
うが，このような状況を放置しておくことは株主の目から見た場合，あって
はならないことである。それならば，このような会社に投資している株主は
資金を引き揚げて直接国債に投資すればはるかにリスクは少ないのである。
リスク・マネーを投資してそれなりの高いリターンを期待していた（これが
株主資本コストである）はずなのに，よく見てみると国債に投資していたの
と変わらない結果になっているということである。

　これではROEに代表される資本効率も上がらないはずである。というわ
けで最近はこのような内部留保を自社株買いにより株主に還元する会社も増
えてきている。確かにこれによって計算上は，ROEは上がるであろうが，
それを償却したり，金庫株として置いておくだけでは企業価値が増えること
にはならない。これは，縮小均衡の図柄である。

　株主の目をもつ独立社外取締役であれば，自社株買いをするならばその株

式を株式交換によるM&Aに使うような積極策を求めなければならないし，そもそも自社株買いをする前に内部留保を投資に充てるより積極的な経営計画の策定を経営者に求めるべきである。

その結果，そのような資金需要がないと判断した場合は，過剰と思われる内部留保は増配や自社株買いで株主還元すべきであろう。それにより株価が上昇し，その後で資金需要が出てきたときの新株発行による資金調達のベースをつくることができる。ただし，増配か自社株買いかという選択については，増配では株主全員が対象となるのに対し，自己株式買いの場合は売りを希望する株主が対象となること，配当課税やキャピタル・ゲイン課税の差がでることなどその他の要因の与える影響をどのように考慮して決めるかを検討することが必要である。

【資金調達】

資金調達については，会社の長期資金や資金需要の状況，レバレッジの状況，内部留保の状況，長短の借入金利，株主資本コストなどさまざまな要因を考慮して決めることになる。社外取締役，監査役等の非業務執行役員の主なチェックポイントとしては次のようなものが考えられる。

①銀行借入または社債発行による場合

- ・資金調達の計画は過度なレバレッジ（自己資本比率の過度の低下）になっていないか
- ・資金使途と借入期間に大きなギャップはないか
- ・銀行借入または社債発行後の負債のデュレーション（平均残存年数）は会社の中長期計画から見て適切か
- ・借入金利，社債利子，その他手数料は市場の利子率，社債スプレッド，手数料の水準から見て適切か
- ・銀行借入れの場合，銀行との中長期的な関係を考慮して銀行を選んでいるか

②エクイティ・ファイナンス（株式発行）の場合

・資金調達の規模，使途は会社の経営計画から見て適切か

・資金調達後の資本構成，資本コストは会社の経営計画や資本効率から見て適切か

・公募増資の場合は，原則として時価発行ですべての不特定多数の投資家を対象とするため第三者割当のような有利発行か否かの問題はないが，株式の希薄化についてはどうか

・第三者割当による増資の場合，有利発行となっていないか（発行価格が市場価格から見て適切か）

　　なお，有利発行にあたる場合には株主総会の特別決議が必要になる。

　　さらに，上場会社が1億円を超える第三者割当を行う場合には，金融商品取引所における適時開示が必要である。またその際，金融商品取引所の要請があれば，有利発行に関する適法性について社外監査役を含む監査役等の意見を開示しなければならないことに留意する必要がある。

・第三者割当による増資の場合にはさらに，割当先の選定経緯や財務状況，反社勢力のチェック等は開示情報に適切に記載されているか

・第三者割当による希薄化が一般株主に及ぼす影響は過大でないか

　　この点については金融商品取引所の企業行動規範において，「上場会社が第三者割当を行うにあたり，希薄化率が25％以上となるとき又は支配株主が移動するときは，原則として，①経営陣から一定程度独立した者による第三者割当の必要性及び相当性に関する意見の入手，又は②株主総会の決議などの株主の意見確認を行わなければならない」とされている。

4．事業再編・撤退

　事業再編・撤退に関する独立社外取締役の役割は2つある。1つは，経営側から提案された事業再編・撤退案に関する監督である。もう1つは会社の経営状況から判断して事業再編・撤退を経営側に勧告するという役割である。

　前者については，経営戦略・経営計画の策定のところで述べたところと重複するところが多いので説明を省略するが，後者については，そもそも独立社外取締役が経営側に事業再編・撤退を勧告すること自体が非業務執行取締役である独立社外取締役の役割であるかどうかという点について検討する。

　この点を議論する際のキーワードはやはり会社の収益性と資本効率であろう。独立社外取締役が常に株主の目をもって会社の経営を監督するという原則からすると，長期にわたって低い収益性と資本効率を改善できない状況にある場合は，その原因の究明と改善を経営側に求めることが社外取締役の重要な役割である。その解決策の中に選択肢として事業再編・撤退の方策も含められるはずである。そして，収益性と資本効率の低い事業部門または子会社が，会社の経営戦略からみて明らかに存在意義がないと判断した場合には，社外取締役は事業再編あるいは撤退を経営側に勧告するべきであろう。

　実は，「日本再興戦略改訂2014」において意図されている稼ぐ力を取り戻すためのコーポレートガバナンスの肝は，この点にある。マクロ的にみると日本経済が20年以上にわたり低迷を続けてきた大きな要因の1つは，多くの会社の経営者が事業再生・撤退を果敢に行うことなく既存の体制を維持してきたことにある。このような経営を変えていくための触媒役として独立社外取締役の役割があるのである。またコーポレートガバナンス・コードにも記載されているように，監査役も従来の適法性監査の領域を超えて社外取締役とともに企業価値を創造するために，このような役割を果たすべきである。

5．M&A，MBO，子会社株式買収

　M&Aやその変形であるMBO，子会社株式買収は上で述べた事業再編・撤退の手段である。この手段を使って新規事業に進出することで，また，同業他社を買収することでより競争力のある効率的な会社に変え，価値創造を図ることができる。MBOはそれほど資金需要がない企業が経営のスピードを速めるため，また上場維持コスト等から解放され身軽になるために経営者が株式市場から撤退する選択肢を与えるものであるが，もう一方で，企業が事

業部門の撤退の1つの手段として子会社をMBOによって切り離すことで，会社の再編と子会社の経営者および従業員の職を確保するという一石二鳥の結果が狙える手段を与えるものである。さらに上場子会社を買収して組織統合を図り経営効率を上げることも可能である。

　このような場面に直面した場合，独立社外取締役，監査役はどのような立場で執行の監督を行わなければならないだろうか。

　このような場面での業務執行役員と社外取締役，監査役などの非業務執行役員の立場の決定的な違いは，業務執行役員がこの取引の当事者であるのに対して非業務執行役員は中立的な立場で株主とその他のステークホルダーの利益および企業価値が毀損されないかどうかを監督できるということである。このような観点から取締役会においてM&A等の案件が提案された場合，注意してみなければならない主要な点をあげてみる。ここでも基本的には経営判断の原則に立ち返るべきである。

①M&Aの買収企業の立場にあるとき

- 買収提案は会社の中長期的経営戦略から見て相当であると判断できるか
- 買収提案は会社の利益に相反したものになっていないか
- 買収のための資金調達の方法は買収の目的にかなったものか
- 買収後の売上・利益計画は明確につくられており，会社の中長期計画に反映されているか
- 買収後の会社の資本構成，資本コストは資本効率に見合ったものになっているか
- 買収方法の選択肢についてそれぞれの利点・欠点について十分に検討して買収方法を決定しているか
- 買収後の経営統合の方針は明確に示されており，速やかに買収効果を発揮できるプランが作成されているか
- 買収後の効果を図るKPIは明確に定義されているか
- 買収後のダウンサイドのリスクに対して撤退戦略は用意されているか

・買収前のデューディリジェンスは財務，事業，法務，リスク，ガバナンス，内部統制の分野にわたって適正に行われているか

・取締役・監査役はデューディリジェンスの過程において適宜説明をうけているか

・買収に係るリスクについて十分認識し，評価しているか

・被買収企業の買収価格は適正に評価されているか

・買収価格を算定するにあたって重要となる要素は何か，合理的な仮定のもとに評価されているか

・買収の手続は法令等にかなったものか

・買収の過程でインサイダー情報の洩れに対する対策はしっかりととられているか

・弁護士事務所，会計事務所およびコンサルティング会社に対する報酬は合理的なものか

②M&Aの被買収企業の立場にあるとき

・買収提案は会社の中長期的戦略から見て相当であると判断できるか

・買収提案は会社および株主の利益にかなうものか

・買収防衛策を発動する場合，経営者の保身の手段となっていないか

・買収企業に提供した情報が意図的に変えられたものではないか

・買収企業の経営者と被買収企業の経営者の関係はどのようなものか

・買収企業が提案した買収価格について第三者の評価を得ているか

・買収の手続は，法令等にかなったものか

・買収の過程でインサイダー情報の洩れに対する対策はしっかりととられているか

・弁護士事務所，会計事務所およびコンサルティング会社に対する報酬は合理的なものか

③MBOの場合

　MBOは経営者が投資ファンドなど第三者などと当該会社の公開買い付けを行い，その後，公開買い付けに応じなかった株主からキャッシュアウトや全部取得条項付種類株式の形ですべての株式を取得する企業買収の方法である。これらの方法ですべての株式を取得することをスクイーズアウト，つまり他の株主の締め出しという。

　ここには2つの構造的問題がある。1つは，経営者と株主の利益相反の問題である。つまり，経営者はできるだけ安く買いたい，株主はできるだけ高く売りたいという構図である。

　もう1つは，情報の非対照性という問題である。つまり経営者は自ら経営する会社の情報の詳細を知るという究極のインサイダーであるのに対し，株主の知る情報は公開情報に限られるという構図である。

　このような構図から，株価を安く評価するために経営者が中期経営計画を意図的に下方修正したためにこのMBOにたいして融資を約束していた銀行が融資を取り下げたためにMBOが失敗した事件（シャルレ損害賠償事件）や業績予想を大幅に下方修正して株価を大幅に下落させてMBOを行った事件（レックス損害賠償事件）などが現実に起きている。いずれの場合も会社の取締役は損害を被った株主から損害賠償訴訟を起こされている。

　これらの事件に関する裁判の過程でMBOにおける取締役，監査役は善管注意義務の内容として「公正価値移転義務」と「適正情報開示義務」という2つの義務を負っていることが判決文で示された。「公正価値移転義務」とは，MBOに際し公正な企業価値の移転を図らなければならない義務である。「適正情報開示義務」とは，取締役は株式公開買付けにつき会社として意見表明するときは，株主が公開買付けに応じるか否かの意思決定を行う上で適切な情報を開示すべき義務を負っていることを意味する。

　この問題に対処するため，経済産業省は2007年9月4日に「企業価値の向上及び公正な手続確保のための経営者による企業買収（MBO）に関する指針」を出した。その後，同省はこれを全面改訂し，2019年6月28日に「公正なM

＆Aの在り方に関する指針—企業価値の向上と株主利益の確保に向けて—」を公表し，MBOおよび支配株主による従属会社の買収に関する諸問題に対する指針を示しているので，MBOにおける取締役・監査役の善管注意義の内容を知る上で参考にされたい。

　このMBOにおける独立社外取締役，監査役のチェックポイントは上で述べたM＆Aと重複するところが多いが，特にMBOに関する「公正価値移転義務」と「適正情報開示義務」という2つの善管注意義務に違反しないために注意しなければならない点をあげる。

- ・株式の買取価格は第三者により適正に評価されているか
- ・買取価格算定のための中長期計画等の情報は合理的な根拠に基づいて作成されているか
- ・経営者による意図的な情報操作が行われていないか
- ・対抗買収者が現れた場合，対抗買収者に対して買収提案や買収価格に関する説明の機会を与えているか
- ・対抗買収者に対して，意図的に情報提供を制限していないか
- ・買収側と会社側は異なる会計事務所，弁護士事務所，ファイナンシャル・アドバイザーを雇用しているか
- ・MBOへの意見表明をする取締役会に買主として利害関係にある取締役が出席していないことを確認しているか

② 利益相反取引

　利益相反取引の問題は上記のM＆Aでもふれたが，ここでは基本的な点を強調しておく。つまり，株主も含めた複数のステークホルダーのうち業務執行者である経営者のみが会社の利益と自己または第三者の利益の相反する立ち位置にいるということである。つまり，会社の経営者は自己の利益あるいは第三者の利益のために会社の利益を損なう取引を行う業務執行の権限をもっているということである。

独立社外取締役，監査役の重要な役割は中立的な立場で経営者の利益相反に対するレフェリー役となることである。そのために，会社法（第356条，第365条）は取締役会設置会社においては，取締役会において次のような取引について重要な事実を開示し，その承認を受けなければならないとしている（取締役会設置会社でない場合は株主総会）。

①取締役が自己または第三者のために株式会社の事業の部類に属する取引をしようとするとき

②取締役が自己または第三者のために株式会社と取引をするとき

③株式会社が取締役の債務を保証することその他取締役以外の者との間において株式会社と当該取締役との利益が相反する取引をしようとするとき

利益相反取引については，このような会社法の規則を確実に遵守するために会社内部の取締役会規程で利益相反取引に関する規則を定めておくことが望ましい。その中には，利益相反取引に関する審議をする取締役会において当事者である取締役は席を外すという定めも重要である。日本の会社では社内出身取締役の間に年功序列に基づく力関係が持ち込まれることは珍しくないので，当事者である取締役が利益相反取引を審議する取締役会で睨みをきかすという場面もあり得る。このような場合には，独立社外取締役，監査役は当事者である取締役に退席を促すという役割を果たすべきである。

利益相反取引については，取締役会で承認された利益相反取引によって会社に損害が発生した場合には，当事者である取締役および利益相反取引の承認に賛成した取締役はその任務を怠ったものと推定される（会社法第423条第3項の任務懈怠の推定規定）。この場合，損害賠償の訴訟を起こされた取締役は，その取引について任務懈怠がなかったことを立証する責任を負う。

しかし，監査等委員会設置会社の場合には，監査等委員会が事前に，利益相反取引を承認した場合には，会社法第423条第3項の任務懈怠の推定規定を適用しないことが定められている（会社法第423条第4項，ただし，この規定は，監査等委員である取締役には適用されない）。この場合には，損害

賠償を訴えられた取締役には任務懈怠がなかったことの立証責任を負わない。

個々の取締役，監査役がこのような責任を負わないためには，当該利益相反取引が会社の不利益になると判断した場合には，明確に反対の意見を表明し議事録に記録を残しておくことが重要である。

もう1つ注意しなければならない点は，当該利益相反取引が会社の不利益にはならないと承認された場合でも，その取引が経営判断の原則から見て適切ではないと判断したときは取締役，監査役は反対の意見を表明し議事録に残しておくことが重要である。

③ 企業不祥事への対応

企業不祥事は企業価値創造に対する重要な阻害要因であり，これを防ぐためには有効な内部統制の構築・整備と運用が不可欠である。内部統制の4つの目的のうち「業務の効率化」は企業価値創造に直接貢献するが，「法令の遵守」は持続的な企業価値創造の基礎となるものである。1期や2期の赤字で会社が潰れることはないが，1つの企業不祥事が会社を存亡の危機に陥れる例は，オリンパス事件や東芝事件だけでなく過去にも多く見ることができる。

つまり，1990年代はじめのバブル崩壊後，日本企業の企業不祥事が増加し，特に，多くの企業不祥事で，代表取締役や取締役の関与があったことが特徴である。この傾向は前述のオリンパス事件や東芝事件にも続いている。このような過去の企業不祥事について，実際の例を分析してみることは，社外取締役，監査役等にとって重要である。

企業不祥事の最近の状況は改善されていないどころかさらに悪化しているように見える。図表6-3は，長年，日本企業の不祥事を研究している一般社団法人GBL研究所理事の渡辺樹一氏の研究成果を，許可を得て掲載したものである。

渡辺氏の研究は第三者委員会の調査報告書に基づくもので，2013年1月か

■**図表6-3　最近の企業不祥事の状況**

2013年1月～2023年12月企業不祥事500事例の俯瞰的分析　年度別推移
企業不祥事の発生件数（調査報告書公開日ベース）　　（数字は件数）

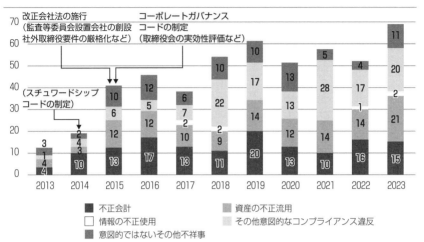

出所：一般社団法人GBL研究所理事渡辺樹一氏の提供資料より。

ら2023年12月のおよそ10年間にわたる企業不祥事を，「不正会計」，「資産の不正流用」，「情報の不正使用」，「その他意図的なコンプライアンス違反」，「意図的でないその他の不祥事」に分類して時系列で集計している。

この研究によると，2013年に12件だった企業不祥事は2019年の61件をピークに2021年は57件，2022年は52件と高止まりの傾向を見せていたが，2023年は69件と急に増加している。これは最近急増した品質偽造事件が主たる原因である。「不正会計」，「資産の不正流用」の件数は，ほぼ毎年全体の半数以上を占めているが，2018年以降，「その他意図的なコンプライアンス違反」が急増しており，2021年には「不正会計」と「資産の不正流用」をあわせたものを上回っていることが注目される。

さらに，注目されるのは会社法が改正され，初めてコーポレートガバナンス・コードが制定された2015年から企業不祥事の件数が増え始めていることである。東芝の不祥事が発覚したのも丁度この時機であり，その後，名前の

227

よく知られた企業の不祥事が相次いだのである。

このような企業不祥事は，内部統制の基本要素の観点から次のように整理できる。

①統制環境

統制環境とは，組織の気風を決定し，組織内のすべての者の統制に対する意識に影響を与える。この統制環境の不備は直接的にコーポレートガバナンスの機能不全をもたらすとともに，内部統制の基本要素すべてに影響を及ぼす。オリンパス事件や東芝事件などは，経営者，取締役会，監査役等が適切に自浄作用を果たせなかったその典型的な例である。

②リスクの評価と対応

過去の企業不祥事では経営リスクを過少に評価したか誤って評価して起きた例が目立つ。「社会に与える影響の考慮が不足していた」とか「社内の常識が社会の常識と異なっていた」などのケースである。「業界の慣習だからいいだろう」，「長年やってきているから大丈夫だ」，「これをやめれば今までのやり方が成り立たない」などの意識でリスクのある業務を継続してきたことが一連の品質偽装事件につながったのである。

社外取締役や監査役等の役割の1つは，このような会社内部における長年の不適切な習慣や慣行を指摘し，是正を促すことである。社外取締役や監査役等は，自らの目で見ておかしいと思う点については率直に質問すべきである。この「質問力」が社外取締役や監査役等にとって必要な資質の1つである。

③統制活動

統制活動とは，構築された内部統制の仕組みと手続きを実行していくことであるが，これが適切に行われていなかったことで不祥事が起きた例が多々ある。例えば，マニュアル運用の形骸化とかマニュアル改訂の不備などにより

事故が起きることがある。前述の品質偽装事件などもこれが原因となっている。

④情報と伝達

　情報の伝達と適切な報告は内部統制の要である。どのような立派な内部統制が構築されており報告体制がつくられていたとしてもそれが適切に運用されなければまったく効果が上がらない。経営リスク事象が発生しそうになったときあるいは発生したときに責任者に速やかに報告されなければ手の打ちようがないことになる。

　また，内部通報制度に関しても適切な運用が課題である。内部通報窓口の適切な設定や内部通報者の保護に関しても社外取締役・監査役等は適切に運用されていない場合には意見をいう必要がある。

⑤モニタリング

　過去にも内部監査対象外の分野で不祥事が起きた例がある。モニタリングにおいては社外取締役・監査役等は内部監査部門と連携し会社のリスク評価を共有していくことでそのような漏れを防ぐことができる。

　企業不祥事をどう防ぐかという観点から，独立社外取締役，監査役として留意しておくべきことは次のような点である。
- ・経営者，取締役・取締役会，監査役等などのコーポレートガバナンスの中枢となる人々の経営リスク管理に対する重要性の認識と明確な考え方およびそれに基づく方針が，企業の内部統制の根幹をつくり，内部統制の土壌となる統制環境を醸成するということを十分理解する必要がある。これがなくては，形式的にどのような内部統制をつくってもまったく絵に描いた餅に終わってしまう。この点は，社内の人間にはなかなか気づきにくく，社外取締役，監査役等がしっかりと監視し，取締役会等において率直な意見を述べる必要がある。
- ・自社のビジネスモデルから見て何が経営リスク事象となるかということ

を，内部の慣習にとらわれず経済社会の変化に対する広い視野で見直すことが重要である。「会社の常識」と「社会の常識」のギャップを常に監視することによって「想定外の出来事」をできるかぎり少なくすることが重要である。先に述べたように，この「会社の常識」と「社会の常識」のギャップを指摘し是正することも，社外取締役・社外監査役の大きな役割の１つである。

・経営目標と経営リスク管理のバランスをどのようにとるかということは内部統制の運用において最も重要な課題である。過去の不祥事の例の中には，このバランスが崩れた場合，それがいかに深刻な経営リスクを企業にもたらすかということを示す例が多く見られる。例えば，売上を重視するあまり返品された和菓子の製造年月日を変更して再販売していた和菓子製造会社，会社の第一方針が「稼げ」であり他の私鉄との競争に勝つために過密ダイヤのもとで時間厳守を強いられスピード超過で転覆事故を起こした鉄道会社，などの例がある。この点でも，独立社外取締役，監査役は，取締役会における経営リスクについての議論を注意深く聞き，率直な意見を述べることが期待される。

・内部統制の失敗は，多くの場合，その不適切な運用とモニタリングから起きていることがわかる。組織，経営リスク管理規定，各種のマニュアルなど経営リスク管理体制をしっかりとつくっている企業の場合でも，運用が形骸化しマニュアルの見直しを怠っていれば内部統制は失敗する可能性が高くなる。このモニタリングは，まさに社外取締役，監査役の役割そのものであり，内部統制の運用の状況を，先に述べた業務プロセスの構造と潜在的なリスクを考慮した上で監視する必要がある。

　本書の副題の「企業価値向上を目指す経営モニタリングの基礎と実践」という観点からすると日本企業の不祥事が頻発していることは誠に残念な事態ではあるが，本書で述べた重要な責務を負う社外取締役・監査役等がこの状況を改善していくよう期待している。

資　料

資料1 新COSO 17の原則

構成要素	原則
統制環境	原則1：組織[1]は，誠実性と倫理観に対するコミットメントを表明する。
	原則2：取締役会[2]は，経営者から独立していることを表明し，かつ，内部統制の整備および運用状況について監督を行う。
	原則3：経営者は，取締役会の監督の下，内部統制の目的を達成するに当たり，組織構造，報告経路および適切な権限と責任を確立する。
	原則4：組織は，内部統制の目的に合わせて，有能な個人を惹きつけ，育成し，かつ，維持することに対するコミットメントを表明する。
	原則5：組織は，内部統制の目的を達成するに当たり，内部統制に対する責任を個々人に持たせる。
リスクの評価	原則6：組織は，内部統制の目的に関連するリスクの識別と評価ができるように，十分な明確さを備えた内部統制の目的を明示する。
	原則7：組織は，自らの目的の達成に関連する事業体全体にわたるリスクを識別し，当該リスクの管理の仕方を決定するための基礎としてリスクを分析する。
	原則8：組織は，内部統制の目的の達成に対するリスクの評価において，不正の可能性について検討する。
	原則9：組織は，内部統制システムに重大な影響を及ぼし得る変化を識別し，評価する。
統制活動	原則10：組織は，内部統制の目的に対するリスクを許容可能な水準まで低減するのに役立つ統制活動を選択し，整備する。
	原則11：組織は，内部統制の目的の達成を支援するテクノロジーに関する全般的統制活動を選択し，整備する。
	原則12：組織は，期待されていることを明確にした方針および方針を実行するための手続を通じて，統制活動を展開する。
情報と伝達	原則13：組織は，内部統制が機能することを支援する，関連性のある質の高い情報を入手または作成して利用する。
	原則14：組織は，内部統制が機能することを支援するために必要な，内部統制の目的と内部統制に対する責任を含む情報を組織内部に伝達する。
	原則15：組織は，内部統制が機能することに影響を及ぼす事項に関して，外部の関係者との間での情報伝達を行う。

構成要素	原則
モニタリング活動	原則16：組織は，内部統制の構成要素が存在し，機能していることを確かめるために，日常的評価および／または独立的評価を選択し，整備および運用する。
	原則17：組織は，適時に内部統制の不備を評価し，必要に応じて，それを適時に上級経営者および取締役会を含む，是正措置を講じる責任を負う者に対して伝達する。

1）本フレームワークの目的上，「組織」という用語は，内部統制の定義に反映されているように，取締役会，経営者およびその他の構成員を集合的に捉えるために使われている。

2）本フレームワークでは，「取締役会」という用語を，ボード，評議員会，無限責任パートナー，所有者（オーナー）または監督委員会（スーパーバイザリー・ボード）などの統治機関を含む意味で用いている。

出所：COSO, *Internal Control-Integrated Framework*, 2013（八田進二・箱田順哉監訳，日本内部統制研究学会新COSO研究会訳『内部統制の統合的フレームワーク』日本公認会計士協会出版局，2014年）。

資料2 財務報告に係る全社的な内部統制に関する評価項目の例 ^(注)

（金融庁：財務報告に係る内部統制の評価及び監査に関する実施基準（平成23年3月30日公表））

【統制環境】

● 経営者は，信頼性のある財務報告を重視し，財務報告に係る内部統制の役割を含め，財務報告の基本方針を明確に示しているか。

● 適切な経営理念や倫理規程に基づき，社内の制度が設計・運用され，原則を逸脱した行動が発見された場合には，適切に是正が行われるようになっているか。

● 経営者は，適切な会計処理の原則を選択し，会計上の見積り等を決定する際の客観的な実施過程を保持しているか。

● 取締役会及び監査役又は監査委員会は，財務報告とその内部統制に関し経営者を適切に監督・監視する責任を理解し，実行しているか。

● 監査役又は監査委員会は内部監査人及び監査人と適切な連携を図っているか。

● 経営者は，問題があっても指摘しにくい等の組織構造や慣行があると認められる事実が存在する場合に，適切な改善を図っているか。

● 経営者は，企業内の個々の職能（生産，販売，情報，会計等）及び活動単位に対して，適切な役割分担を定めているか。

● 経営者は，信頼性のある財務報告の作成を支えるのに必要な能力を識別し，所要の能力を有する人材を確保・配置しているか。

● 信頼性のある財務報告の作成に必要とされる能力の内容は，定期的に見直され，常に適切なものとなっているか。

● 責任の割当てと権限の委任がすべての従業員に対して明確になされているか。

● 従業員等に対する権限と責任の委任は，無制限ではなく，適切な範囲に限定されているか。

● 経営者は，従業員等に職務の遂行に必要となる手段や訓練等を提供し，従業員等の能力を引き出すことを支援しているか。

● 従業員等の勤務評価は，公平で適切なものとなっているか。

【リスクの評価と対応】

● 信頼性のある財務報告の作成のため，適切な階層の経営者，管理者を関与させる有効なリスク評価の仕組みが存在しているか。

（注）全社的な内部統制に係る評価項目の例を示したものであり，全社的な内部統制の形態は，企業の置かれた環境や特性等によって異なると考えられることから，必ずしもこの例によらない場合があること及びこの例による場合でも，適宜，加除修正がありうることに留意する。

- リスクを識別する作業において，企業の内外の諸要因及び当該要因が信頼性のある財務報告の作成に及ぼす影響が適切に考慮されているか。
- 経営者は，組織の変更やＩＴの開発など，信頼性のある財務報告の作成に重要な影響を及ぼす可能性のある変化が発生する都度，リスクを再評価する仕組みを設定し，適切な対応を図っているか。
- 経営者は，不正に関するリスクを検討する際に，単に不正に関する表面的な事実だけでなく，不正を犯させるに至る動機，原因，背景等を踏まえ，適切にリスクを評価し，対応しているか。

【統制活動】
- 信頼性のある財務報告の作成に対するリスクに対処して，これを十分に軽減する統制活動を確保するための方針と手続を定めているか。
- 経営者は，信頼性のある財務報告の作成に関し，職務の分掌を明確化し，権限や職責を担当者に適切に分担させているか。
- 統制活動に係る責任と説明義務を，リスクが存在する業務単位又は業務プロセスの管理者に適切に帰属させているか。
- 全社的な職務規程や，個々の業務手順を適切に作成しているか。
- 統制活動は業務全体にわたって誠実に実施されているか。
- 統制活動を実施することにより検出された誤謬等は適切に調査され，必要な対応が取られているか。
- 統制活動は，その実行状況を踏まえて，その妥当性が定期的に検証され，必要な改善が行われているか。

【情報と伝達】
- 信頼性のある財務報告の作成に関する経営者の方針や指示が，企業内のすべての者，特に財務報告の作成に関連する者に適切に伝達される体制が整備されているか。
- 会計及び財務に関する情報が，関連する業務プロセスから適切に情報システムに伝達され，適切に利用可能となるような体制が整備されているか。
- 内部統制に関する重要な情報が円滑に経営者及び組織内の適切な管理者に伝達される体制が整備されているか。
- 経営者，取締役会，監査役又は監査委員会及びその他の関係者の間で，情報が適切に伝達・共有されているか。
- 内部通報の仕組みなど，通常の報告経路から独立した伝達経路が利用できるように設定されているか。
- 内部統制に関する企業外部からの情報を適切に利用し，経営者，取締役会，監査役又は監査委員会に適切に伝達する仕組みとなっているか。

【モニタリング】
- 日常的モニタリングが，企業の業務活動に適切に組み込まれているか。
- 経営者は，独立的評価の範囲と頻度を，リスクの重要性，内部統制の重要性及び日常的モニタリングの有効性に応じて適切に調整しているか。
- モニタリングの実施責任者には，業務遂行を行うに足る十分な知識や能力を有する者が指名されているか。
- 経営者は，モニタリングの結果を適時に受領し，適切な検討を行っているか。
- 企業の内外から伝達された内部統制に関する重要な情報は適切に検討され，必要な是正措置が取られているか。
- モニタリングによって得られた内部統制の不備に関する情報は，当該実施過程に係る上位の管理者並びに当該実施過程及び関連する内部統制を管理し是正措置を実施すべき地位にある者に適切に報告されているか。
- 内部統制に係る開示すべき重要な不備等に関する情報は，経営者，取締役会，監査役又は監査委員会に適切に伝達されているか。

【ITへの対応】
- 経営者は，ITに関する適切な戦略，計画等を定めているか。
- 経営者は，内部統制を整備する際に，IT環境を適切に理解し，これを踏まえた方針を明確に示しているか。
- 経営者は，信頼性のある財務報告の作成という目的の達成に対するリスクを低減するため，手作業及びITを用いた統制の利用領域について，適切に判断しているか。
- ITを用いて統制活動を整備する際には，ITを利用することにより生じる新たなリスクが考慮されているか。
- 経営者は，ITに係る全般統制及びITに係る業務処理統制についての方針及び手続を適切に定めているか。

資料3　企業価値と資本コストについて

1．コーポレート・ファイナンスの知識は社外取締役・監査役等になぜ必要か

　コーポレートガバナンス・コードには「企業価値」,「収益計画」,「収益力」,「資本効率」,「資本コスト」,「資本政策」などコーポレート・ファイナンスの中で使われる言葉が, 重要な概念としていくつかの箇所で言及されている。例えば次のような指針である（引用文の太字・下線は筆者）。

【原則1－4．政策保有株式】
　上場会社が政策保有株式として上場株式を保有する場合には, 政策保有株式の縮減に関する方針・考え方など, 政策保有に関する方針を開示すべきである。また, 毎年, 取締役会で, 個別の政策保有株式について, 保有目的が適切か, 保有に伴う便益やリスクが**資本コスト**に見合っているか等を具体的に精査し, 保有の適否を検証するとともに, そうした検証の内容について開示すべきである。上場会社は, 政策保有株式に係る議決権の行使について, 適切な対応を確保するための具体的な基準を策定・開示し, その基準に沿った対応を行うべきである。

【原則1－6．株主の利益を害する可能性のある資本政策】
　支配権の変動や大規模な希釈化をもたらす**資本政策**（増資, MBO等を含む）については, 既存株主を不当に害することのないよう, 取締役会・監査役は, 株主に対する受託者責任を全うする観点から, その必要性・合理性をしっかりと検討し, 適正な手続を確保するとともに, 株主に十分な説明を行うべきである。

【基本原則4】
　上場会社の取締役会は, 株主に対する受託者責任・説明責任を踏まえ, 会社の持続的成長と中長期的な**企業価値**の向上を促し, **収益力・資本効率**等の改善を図るべく,
　(1)　企業戦略等の大きな方向性を示すこと
　(2)　経営陣幹部による適切なリスクテイクを支える環境整備を行うこと
　(3)　独立した客観的な立場から, 経営陣（執行役及びいわゆる執行役員を含む）・取締役に対する実効性の高い監督を行うこと
をはじめとする役割・責務を適切に果たすべきである。〈後略〉

【原則5－2．経営戦略や経営計画の策定・公表】
　経営戦略や経営計画の策定・公表に当たっては, 自社の**資本コスト**を的確に把握した上で, **収益計画**や**資本政策**の基本的な方針を示すとともに, **収益力・資本効率**等に関する目標を提示し, その実現のために, 事業ポートフォリオの見直しや, 設備投資・研究開発投資・人材投資等を含む経営資源の配分等に関し具体的に何を実行するのかについて, 株主に分かりやすい言葉・論理で明確に説明を行うべきである。

社外取締役や監査役などの非業務執行の役員にとっても，コーポレート・ファイナンスにおけるこれらの概念の基本的なところを理解しておかないと，監督や監査の対象である業務執行取締役の業務の執行が，上記のようなコーポレートガバナンス・コードの指針に従って行われているかどうかの判断をすることはできない。

　これらの概念は，しかしながら，いまだに学者や実務家の間で定まった定義があるわけではない。例えば，資本効率とは何かという問題１つとっても，その答えがROE（自己資本利益率）なのか，総資産利益率なのか，あるいは投下資本利益率なのか，はたまたそれらすべてを総称しているのか，実務の場面によってその答えは異なってくる。ここでは企業価値と資本コストに焦点を当て，学術上の議論には深く立ち入らず，現在実務の上で一般的に理解されている考えや手法の基礎的なところを解説する。

２．財務会計とコーポレート・ファイナンス

　財務会計とコーポレート・ファイナンスの基本的な違いは，財務会計が企業の過去の活動の記録であるのに対し，コーポレート・ファイナンスは企業の将来の活動について考えるための枠組みとそこで使われる一連の手法であるという点にある。もちろん，過去の活動を反映した現在の財務状況は将来への出発点となるので，そこには財務会計とコーポレート・ファイナンスの接点がある。

　コーポレート・ファイナンスはそれゆえ，時間（未来）と不確実性（リスク）という２つの重要な要素を取り扱う。時間（未来）と不確実性（リスク）という要素は企業経営を左右する重要な要素でもあるので，コーポレート・ファイナンスの役割は経営の羅針盤であるともいえる。

　コーポレートガバナンスのキーワードの１つである企業価値を推計することは，企業が生み出す将来の価値を見通し，それを現在の価値に割り引くことによって現在価値としての企業価値を推計することである。現在価値を推計することにより，企業が将来生み出す価値を現時点で交換可能なものにすることができる。具体的な例では，M&Aにおける被買収企業の価値評価がある。これによって，将来の価値を反映した現在の企業価値に基づいて，企業を買い取ることができるのである。

３．現在価値と割引率
(1)　将来価値と現在価値

　将来の価値を現在価値に「割り戻す」という言葉を使う理由は，基本的に将来の価値は現在の価値より高いことが想定されるからである。そこには，時間，利子率，リスクという要素が絡む。今，手元にある100万円と１年後に手元に入ることが約束された100万円とどちらを選ぶかという場面では，合理的な人であれば，現在の100万円をとるであろう。まず簡単な例を見てみる。

　今，100万円を企業に貸し付けて1年後に返してもらう約束をしたとき，いくら返してもらうかという問題に対する回答はそれほど難しくない。貸し付けるときに約束した利子率で計算される利子と元本を受け取ることは誰にでも理解できる。約束した利子率は市場で取引されている無リスクの利子率（国債の利回り）に債務者の信用リスク（債務不履行のリスク）や政治・経済の状況がその企業の事業に与える影響等を考慮したリスクも含む。このような追加的なリスクをリスク・プレミアムと呼ぶ。

　仮に，無リスク利子率が0.1％でリスク・プレミアムを5％と評価したとすると1年後に受け取る金額は1,051,000円である。

$$1,000,00 \times (1+0.051) = 1,051,000$$

　逆に，このような状況で，同じ企業から将来1,000,000円返すという約束のもとで今お金を貸すとすればいくら貸せばよいのかという問題が将来の価値1,000,000円を現在の価値に割り引く問題である。答えは951,500円である。これが，この例の条件のもとでの1年後の将来価値1,000,000円に対する現在価値である。

　計算を示す。現在貸すお金の金額をAとする。

$$A \times (1+0.051) = 1,000,000$$

$$A = \frac{1,000,000}{(1+0.051)}$$

$$A = 1,000,000 \times \frac{1}{1.051}$$

$$A = 1,000,000 \times 0.9515$$

$$A = 951,500$$

(2)　現在価値と割引率

　上記の例で5.1％を割引利率と呼び，0.9515を割引率という。上記の例では1年であったが，それではより遠い将来，例えば2年後，3年後の将来価値の割引率はどのようになるであろうか。実務の現場では，同じ割引利率を2年後，3年後にも適用するケースが多いが，ここで注意しておきたいことは，将来の時間が長くなるにつれ，不確実性が高くなるので金利もリスク・プレミアムも高くなるということである。

　図表－1は，3年間を通じて利子率もリスク・プレミアムも変化しなかった場合の割引利率と割引率の関係を示している。また，図表－2は時間の経過とともに利子率もリスク・プレミアムも高くなる場合の割引利率と割引率の関係を示している。

図表－1

期間	1 年	2 年	3 年
無リスク金利	0.1%	0.1%	0.1%
リスク・プレミアム	5 ％	5 ％	5 ％
割引利率	5.1%	5.1%	5.1%
割引率	0.9515	0.9053	0.8614

割引率の計算は，2 年後以降は複利計算となるので次のようになる。

1 年後の価値の割引率　$\dfrac{1}{1+0.51}=0.9515$

2 年後の価値の割引率　$\dfrac{1}{(1+0.051)\times(1+0.051)}=\dfrac{1}{(1+0.051)^2}=0.9053$

3 年後の価値の割引率　$\dfrac{1}{(1+0.051)\times(1+0.051)\times(1+0.051)}=\dfrac{1}{(1+0.051)^3}=0.8614$

図表－2

期間	1 年	2 年	3 年
無リスク金利	0.1%	0.2%	0.3%
リスク・プレミアム	5 ％	6 ％	7 ％
割引利率	5.1%	6.2%	7.3%
割引率	0.9515	0.8866	0.8095

このケースも同様に 2 年後以降は複利計算であり，割引率の計算は次のようになる。

1 年後の価値の割引率　$\dfrac{1}{1+0.51}=0.9515$

2 年後の価値の割引率　$\dfrac{1}{(1+0.062)\times(1+0.062)}=\dfrac{1}{(1+0.062)^2}=0.8866$

3 年後の価値の割引率　$\dfrac{1}{(1+0.073)\times(1+0.073)\times(1+0.073)}=\dfrac{1}{(1+0.073)^3}=0.8095$

　企業価値や事業価値の評価をする場合には，この割引利率をどのように考えるかが重要な鍵となる。なぜなら割引率の少しの違いで現在価値は大きく変わるからである。しかも，実務の現場では誰の目からも疑いのない客観的な割引利率が存在することは

稀なのである。

　割引利率が5％と6％と比較した3年間の例を次の図表－3でみてみよう。この場合，3年間を通じて同じ割引利率を適用した。

図表－3

金額単位100万円		1年後	2年後	3年後	合計
将来価値		1,000	2,500	3,000	6,500
割引利率 5％	割引率	0.9524	0.9070	0.8638	
	現在価値	952	2,268	2,591	5,811
割引利率 6％	割引率	0.9434	0.8900	0.8396	
	現在価値	943	2,225	2,519	5,687

　この例では，割引利率が1％高くなっただけで現在価値合計が2.1％低くなっている。

4．資本コストとは何か ―― WACCと株主資本コスト

　資本コストと単にいってもさまざまなものがあるが，ここではコーポレート・ファイナンスの実務の現場で企業価値を評価するに割引利率として使われる加重平均資本コスト（WACC：Weighted Average Costs of Capital，以下「WACC」という）について説明する。このWACCはM&Aをはじめとして，実務の現場で企業価値を評価する場合に使われるので，WACCに関する基本的な知識は社外取締役・監査役にとって不可欠である。

　まず，WACCは一言でいうと，税金を控除した有利子負債利子率と株主資本コストを有利子負債残高と株式時価総額で加重平均した利率であり，次の式で表される。

加重平均資本コスト（WACC）

$$= 有利子負債コスト \times （1-実効税率） \times \frac{有利子負債残高}{有利子負債残高 + 株式時価総額}$$

$$+ 株主資本コスト \times \frac{株式時価総額}{有利子負債残高 + 株式時価総額}$$

　有利子負債については，支払金利は損益計算書に，有利子負債残高は貸借対照表に記載されているので誰の目にも見え理解しやすい。しかし，株主資本コストは明示的に記録されているものではないので理解しにくい概念である。支払金利である有利子負債コストが資金の貸し手である債権者に対する報酬であると同様に，株主資本を提供している株主に対する報酬が，経営者の視点から見た時はコストとみなされる。それでは，株主は株主資本に対する報酬をどのように見ているのであろうか。それは，

株主が出資した資金に対して株主が期待する収益率（期待収益率）である。

　そこで，期待収益率とは何かということが問題になる。一言でいえばそれは，リスクをとらなくても期待できる利子率（無リスク利子率）に株主が投資した株の価値（株価）が変動するリスク（変動率）を最低限カバーする収益率を加えたものである。ここで，株式変動率と株式収益率は同義である。例えば1,000円の株価が1％上方に変動すると10円の収益がもたらされるからである。

　　　株主資本コスト＝株式期待収益率 ＝ 無リスク利子率＋株式リスク・プレミアム

　当該株式のリスク・プレミアムは株式市場全体の変動率に対する感応度を考慮して推測する。株式市場全体が1％動いたときに当該株式は何パーセント動くかというのが感応度である。この株式の値動きは当然上昇（＋）と下落（－）がある。株式の変動率（リスク）を考えるとき，プラスかマイナスかということは問題ではなく，動く幅が問題なのである。そのため，株式の変動率（リスク）は標準偏差という考え方，つまり平均からどのくらい乖離しているかという観点でとらえる。通常，株式価格の変動率を計算するときは長期のデータをもとに計算する。中長期の株式の日々の変動を計算しその標準偏差をとるのである。

　株式市場全体の変動率から無リスクの証券（国債）に投資したときの利回り（無リスク利子率）を差し引いたものが株式市場純粋の変動率となる。前述したように，変動率はその株のリターンを意味するから収益率と呼んでもよい。したがって，株式市場純粋の変動率を無リスク利子率に対する超過収益率ともいう。

　この株式市場純粋の変動率に当該株式の株式市場全体の変動率に対する感応度（β：ベータという）を掛け合わせたものが当該株式のリスク・プレミアムとなる。そして株主が期待する株式期待収益率（株主資本コスト）は，このリスク・プレミアムにリスクをとらなくても当然に期待できる無リスク利子率を加えたものになる。

　以上の説明を式で表すと以下の通りである。

　　当該株式の株式期待収益率（株主資本コスト）
　　　　　＝ 無リスク利子率 ＋ 当該株式のβ ×（株式市場変動率－無リスク利子率）

　通常，株式市場全体の動きはTOPIXで代用されるので上記の式は次のようになる。

　　当該株式の株式期待収益率（株主資本コスト）
　　　　　＝ 無リスク利子率 ＋ 当該株式のβ ×（TOPIXの変動率－無リスク利子率）

　ここまでの説明で株主資本コストが理解できたところで，やっと加重平均資本コスト（WACC）が計算できることになる。

　以上，説明した考え方は資本資産評価モデル（CAPM: Capital Asset Pricing Model）と呼ばれるものである。このモデルは，現実の金融市場で観察することが難しい諸条件（仮定）のもとに構築された理論であることなどから学術的には批判されところもあるが，実務的内はその使い勝手のよさからM＆A等の企業評価の現場で広く利用されている。

　実際に，次のような具体的な数字の例でWACCを計算してみよう。

無リスク利子率　　　　：　0.5%
TOPIXの変動率　　　　：　5.0%
当該株式のβ（ベータ）　：　1.2
実行税率　　　　　　　：　30%
有利子負債利子率　　　　　1.0%
有利子負債　　　　　：　300億円
株式時価総額　　　　　　1,000億円

当該株式の株式期待収益率（株主資本コスト）＝0.5%＋1.2×（5.0%-0.5%）＝5.9%

$$加重平均資本コスト（WACC）＝1.0\%×(1\text{-}0.3)×\frac{300}{300＋1,000}＋5.9\%×\frac{1,000}{300＋1,000}$$

これを計算すると，加重平均資本コスト（WACC）＝4.77%

　ここで強調したいのは，株主資本コストの概念の理解である。株主資本コストとは配当であるという経営者はさすがにいなくなったと思うが，株主資本コストは当該株式の変動リスクをカバーするため株主が期待する最低限の収益率であるということである。

5．資本効率と資本コスト

⑴　ROE（自己資本利益率）と株主資本コスト

　株主資本コストに対応するものが自己資本利益率（ROE：Return on Equity）である。このROEは自己資本に対するリターンであるから，別の見方をすれば自己資本の資本効率といえる。貸借対照表の現預金勘定に眠っている多額の現預金や株主資本コストを下回るリターンしか生まない政策保有株式は，株主から見れば非合理的な経営の証であるとみなされるのである。何故ならそれらの資金をより高いリターンを生む事業に投資することにより，ROEを高めることができるからである。

　ROEを説明するには分母の自己資本について説明しておく必要がある。

図表－4　純資産の構成

資本金	資本剰余金	利益剰余金	自己株式（マイナス）		
株主資本				その他の包括利益累計額	
自己資本					非支配株主持分	新株予約権
純資産						

　株主資本は株主が拠出したお金（資本金と資本剰余金）および毎期の純利益の累積である利益剰余金からなる。自己株式を買い取った場合は株主資本からその金額が差し引かれる。この株主資本に親会社株主に帰属するその他の包括利益累計額を加えたものが自己資本となる。さらに，自己資本に非支配株主持分と新株予約券を加えたものが純資産である。

　自己資本別の面から定義すると自己資本は，純資産から非支配株主持分と新株予約権を差し引いたものであるから，次のようになる。

$$自己資本 ＝ 純資産 －（非支配株主持分＋新株予約券）$$

　上場会社が決算短信に記載するROEは，親会社株主に帰属する純利益（親会社純利益）の自己資本に対する比率を示したものである。この場合，分母は期中平均の自己資本となる。したがって，ROEは以下のようになる。

$$ROE（自資本比率）＝ \frac{親会社純利益}{（期首自己資本＋期末自己資本）÷2}$$

　ROEは株主に帰属する資金に対してその期にいくらの利益を上げたかという指標であるから，その意味で資本の効率性を意味する。株主が期待する収益率が資本コストであるから，ROEは少なくとも株主資本コストを上回っていなければ企業価値が創造されたとはいえない。このROEが株主資本コストを上回った部分をエクイティ・スプレッドという。

$$エクイティ・スプレッド ＝ ROE － 株主資本コスト$$

(2) 投下資本利益率（ROIC）と加重平均資本コスト（WACC）

　ROEは最低でも株主資本コストのレベルを達成しないと株主資本は価値を生み出

していないといえるが，それでは有利子負債も含めた資本コストである加重平均資本コスト（WACC）はどのような利益率に対応するのであろうか。

答えは投下資本利益率（ROIC: Return On Invested Capital）である。分母は文字通り投下資本であるから純資産に有利子負債を加えた金額である。分子はその資本を使って生み出された税引後営業利益である。

$$投下資本利益率（ROIC）＝\frac{税引後営業利益}{有利子負債＋純資産}$$

このROICがWACCの水準を上回っているかどうかが投下した資本が価値を生み出しているかどうかの目安となる。

６．PBR（株価純資産倍率）について

153～154ページでも説明したように多くの日本企業のPBRは１を割っており資本効率の低さを示す指標として取り上げられている。具体的には次の式で計算される。

$$PBR＝\frac{株価}{1株当たり純資産}$$

分母と分子に発行済株式数を書けると

$$PBR＝\frac{株式時価総額}{純資産（株主資本）}$$

となるので一般的にはPBR1倍割れの企業は，株式市場で解散価値よりも低く評価されていることを意味している。つまり株主資本を使って将来の企業価値を生み出すことができない企業であるという評価である。

またPBRは次のように書き表すこともできる。

$$PBR＝\frac{株価}{1株当たり純資産}$$
$$＝\frac{株価}{1株当たり純利益（予想）}×\frac{1株当たり純利益（予想）}{1株当たり純資産}$$
$$＝PER×ROE$$

会社に対する投資家の期待を示す指標であるPERと足元の収益力を表す指標であるROEを掛け合わせたものがPBRである。

索　引

【著者紹介】

箱田 順哉（はこだ じゅんや）

公認会計士，一般社団法人実践コーポレートガバナンス研究会理事

1974年東京外国語大学英米語学科卒業。あらた監査法人代表社員，プライスウォーターハウスクーパースパートナー，慶應義塾大学大学院特別招聘教授，ヤマハ㈱取締役監査委員長，イオンフィナンシャルサービス㈱取締役，日本内部統制研究学会理事，日本公認会計士協会社外役員研修研究専門委員会専門委員長等を歴任。現在は，Ｊ.フロント リテイリング㈱取締役監査委員長，シュローダー・インベストメント・マネジメント㈱監査役，その他，企業顧問に従事。

〈主な著書等〉
『社外監査役等ハンドブック』（共著，日本公認会計士協会出版局），『COSO 内部統制 – 統合的フレームワーク』（共監訳，日本公認会計士協会出版局），『企業グループの内部監査』（同文舘出版），『テキストブック内部監査』（東洋経済新報社），『持株会社の実務（第 9 版）』（共著，東洋経済新報社），『これですべてがわかる内部統制の実務 – 上級 IPO・内部統制実務士資格公式テキスト（第 6 版）』（共著，中央経済社），『バリューアップ内部監査Q&A』『監査人の職業的懐疑心』（各共著，同文舘出版），『全社的リスクマネジメント フレームワーク篇・適用技法篇』（共訳，東洋経済新報社）等。

安田 正敏（やすだ まさとし）

一般社団法人実践コーポレートガバナンス研究会創立理事

1971年東京大学経済学部卒，1978年 ローザンヌ大学経営大学院IMEDE（現IMD）卒（MBA）。㈱日立製作所入社後，㈱日立総合計画研究所に出向。1983年，シティバンク東京支店に移り，フィナンシャル・エンジニアリング部門ヘッド，シティコープ・スクリムジャー・ヴィッカース証券東京支店長などを歴任。その後，米国証券会社キャンターフィッツジェラルドの日本代表（1982-2001年）。㈱ネットワークバリューコンポーネンツ社外監査役，㈱好日山荘社外監査役，㈱FPG社外監査役を歴任。現在，㈱アパレルウェブ社外監査役。

〈主な著書等〉
『日本版SOX法実践ガイド』（日経BP社），『内部統制システム構築マニュアル』（PHP研究所），『経営リスク管理マニュアル』（PHP研究所）等。

2015年10月5日	初　版　発　行	
2020年1月10日	第　2　版　発　行	
2022年5月30日	第　3　版　発　行	
2022年12月5日	第3版2刷発行	
2024年6月25日	第　4　版　発　行	略称：社外取締役(4)

社外取締役・監査役等の実務
―企業価値向上を目指す経営モニタリングの基礎と実践―
(第4版)

著　者 ⓒ	箱　田　順　哉
	安　田　正　敏
発行者	中　島　豊　彦

発行所　**同 文 舘 出 版 株 式 会 社**

東京都千代田区神田神保町1-41　　　　　　　〒101-0051
電話　営業(03)3294-1801　　　　　　　編集(03)3294-1803
振替 00100-8-42935　　　　　　　https://www.dobunkan.co.jp

Printed in Japan 2024　　　　　　　　製版：一企画
　　　　　　　　　　　　　　　　印刷・製本：萩原印刷
　　　　　　　　　　　　　　　　　装丁：オセロ

ISBN978-4-495-20314-6